Sur le chemin du développement de l'Afrique

Études africaines
Collection dirigée par Denis Pryen

Dernières parutions

Togba ZOGBELEMOU, *Droit des organisations d'intégration économique en Afrique*, 2014.
Gaston SAMBA, *Le Congo-Brazzaville, Climat et environnement*, 2014.
Déo NAMUJIMBO, *Je reviens de l'enfer, Reportage de guerre à l'est de la RD Congo (août-septembre 1998)*, 2014.
Nuah M. MAKUNGU MASUDI, *Economie mondialisée, coopératives délaissées*, 2014.
Patrice MUKATA BAYONGWA, *Remédier à l'échec scolaire dans les écoles catholiques de Bukavu (R. D. Congo), Volume 1 et 2*, 2014.
Olivier NKULU KABAMBA, *Les médecins en Afrique et la sorcellerie*, 2014.
Alexis TOBANGUI, *Défense deuxième chance et la socialisation des jeunes en difficulté*, 2014.
Hermine MATARI, *Les instituteurs dans la société gabonaise*, 2014.
Noël Christian-Bernard OBIANG NNANG, *Les empereurs romains en Afrique du Nord. Les grandes réformes du IIe au IIIe siècle ap. J.-C.*, 2014.
Pierre KIPRÉ, *Cultures et identités nationales en Afrique de l'Ouest. Le* Daà *dans la société béninoise d'hier à demain*, 2014.
Edouard Epiphane YOGO, *Etat fragile et sécurité humaine au sud du Sahara*, 2014.
Wendpanga Jacob YOUGBARÉ, *Méthodes d'aide à la décision appliquées pour le développement au Burkina Faso. La méthodologie Data Envelopment Analysis (DEA), 2014.*
Pierre KOULODJI, V*atican II et la parenté responsable. Histoire et analyse de* Gaudium et spes *50,2*, 2014.
Lucien PAMBOU, *La mondialisation, une chance pour l'Afrique ? Les Afriques noires francophones de l'ouest et du centre : sujets d'hier, acteurs de demain*, 2014.
Daniel Isaac ITOUA, *Instruments de musique traditionnelle des Mbôsi du Congo*, 2014.
Pascasie Minani PASSY, *Femmes en politique au Burundi. Leur nombre, leur influence ?*, 2014.
Elisabeth SHERIF, *Élection et participation politique au Niger : le cas de Maradi. Contribution à l'analyse électorale en Afrique*, 2014.

Max REMONDO

SUR LE CHEMIN DU DÉVELOPPEMENT DE L'AFRIQUE

L'Harmattan

5-7, rue de l'Ecole-Polytechnique, 75005 Paris

http://www.harmattan.fr
diffusion.harmattan@wanadoo.fr
harmattan1@wanadoo.fr

ISBN : 978-2-343-03321-1
EAN : 9782343033211

Remerciements

Préparer un ouvrage au Gabon est un travail parsemé d'embûches ; la plus difficile à surmonter concerne l'accès à la documentation. Ce travail doit alors être prolongé à l'extérieur du territoire.

L'implication d'autres personnes devient inévitable.
Je tiens donc à adresser mes sincères remerciements à celles et ceux qui, à des titres divers, ont contribué à la réalisation de cet ouvrage.

Je remercie Frédéric MABENGA, Maître de Conférences en littérature africaine à la Faculté des Lettres et Sciences Humaines de Libreville pour ses conseils sur le choix des livres consultés dans sa spécialité.

Mes remerciements s'adressent également à Jean NTCHILÉ, Directeur des Presses Universitaires du Gabon (Université Omar Bongo) qui a relu le manuscrit.

Je remercie vivement René et Colette MOCCI, Jean-Pierre APÉRANO, Rémy TAMBAUD, Alexandre NGUÉMA et Mireille RANOZINAULT qui m'ont apporté un concours décisif lors des recherches finales nécessitées par l'ouvrage.

J'exprime ma profonde gratitude à Pierre-Claver ADANDÈ pour son assistance efficace lors du traitement du texte et de l'élaboration du prêt-à-clicher.

« Il y a deux manières de se perdre : par ségrégation murée dans le particulier ou par dilution dans l'universel. Ma conception de l'universel est celle d'un universel riche de tout particulier, riche de tous les particuliers, approfondissement et coexistence de tous les particuliers » [1].

Aimé Césaire

[1] Aimé Césaire *in Lettre à Maurice Thorez*. Lettre du 24 octobre 1956 par laquelle Aimé Césaire annonce au président du Parti communiste français sa démission de ce parti. Passage reproduit dans *Aimé Césaire, le legs, « Nous sommes de ceux qui disent non à l'ombre »*, ouvrage rédigé sous la direction d'Annick THEBIA-MELSAN, Argol, Paris, 2009, Note explicative180, Ex/58, Rev. 2, p. 1.

SOMMAIRE

Introduction

« On ne développe pas, on se développe » [1].

Joseph Ki Zerbo

Issus, pour la quasi-totalité d'entre eux, de la dislocation des empires coloniaux, de nombreux États de l'Afrique moderne ont fait irruption sur la scène internationale voici plus d'un demi-siècle.

Pour tous, le développement a constitué et constitue le leitmotiv des discours de leurs dirigeants et de leurs programmes d'action. D'une manière générale, cette stratégie est celle des hommes politiques de toutes tendances. Elle a fait et fait toujours l'objet d'aides bilatérales ou multilatérales, d'accords passés avec les gouvernements étrangers ou les organismes internationaux.

Cet objectif est aussi celui de l'Organisation de l'Unité Africaine (OUA) [2] et de l'Union Africaine (UA) qui lui a succédé [3].

Dans l'Afrique francophone, sur laquelle portent principalement nos réflexions, une telle ambition est même antérieure à l'indépendance. En effet, si le mot développement semble ne pas y avoir été utilisé, « l'esprit de la Conférence de Brazzaville » (30 janvier - 8 février 1944), comme l'écrit Robert Bourgi [4], était de préparer la France au monde de l'après-guerre ; cette conférence comportait, en outre, un volet social et économique [5].

En matière sociale, elle mettait l'accent sur la nécessité de mesures destinées à favoriser la couverture sanitaire des populations, à réorganiser la justice indigène et à améliorer les conditions de travail, notamment par l'institution de syndicats professionnels et d'inspecteurs du travail. A sa suite, fut aboli le travail forcé.

Le volet économique, lui, portait sur trois rubriques : l'industrialisation, le régime douanier et les travaux publics [6].

Intervenant le 15 mars 1944 à l'Assemblée consultative provisoire, René Pleven, Commissaire aux colonies du Comité Français de Libération Nationale (CFLN) [7], avait souligné qu'une « amélioration [...] accentuée du niveau de vie des populations africaines ne pourrait être obtenue sans une valorisation des produits que livrent aux marchés mondiaux les efforts conjugués des Européens et des Africains » [8].

L'industrialisation programmée à Brazzaville n'eut pas lieu. Après la guerre, le nouveau concept qui apparaît dans l'espace francophone et au-delà est *développement*.

D'après Stephen Smith [9], l'adjectif sous-développé a précédé le substantif exprimant la situation ainsi décrite. Selon lui, cet adjectif apparaît pour la première fois dans le discours sur l'état de la Nation prononcé devant le Congrès des États-Unis le 20 janvier 1949 par le président américain Harry Truman. Évoquant la situation de certaines régions du monde, notamment l'Afrique, le président américain soulignait : « il nous faut lancer un nouveau programme qui soit audacieux et qui mette les avantages de notre avance scientifique et de notre progrès industriel au service de l'amélioration et de la croissance des régions sous-développées [...] ».

L'auteur de *Négrologie* observe : « avec sa part de rêve et de calcul, le sous-développement prit ainsi le relais de la « mission civilisatrice » et de la « mise en valeur » de la colonisation » [10].

Les gouvernants africains vont faire leur la nouvelle « mission », le développement.

Mais depuis la grande vague des indépendances des années 60, plus de cinq décennies se sont écoulé [11].

Certes, dans la phraséologie officielle, les expressions « pays en voie de développement ou en développement » se sont substituées à celle de pays sous-développé. Mais le développement économique n'est toujours pas au rendez-vous, toutes les prétentions à y accéder ayant été vaines, qu'elles aient reposé sur l'idéologie libérale ou sur l'idéologie socialiste.

Pourtant, le contraste est saisissant entre, d'une part, la pauvreté et la marginalisation de l'Afrique et, d'autre part, ses potentialités. L'Afrique détient plusieurs « records » qui traduisent cette pauvreté : la plus faible espérance de vie, le taux de mortalité enfantine le plus élevé, le revenu annuel par tête d'habitant le plus faible.

En revanche, elle renferme les gisements les plus importants de minerais stratégiques (cobalt, uranium, manganèse, coltan, niobium, germanium, etc.) et de minerais précieux (or, diamants, argent). Le gendre de Mobutu, Pierre Janssen, relate qu'à Gbadolite, le village du maréchal président, un gisement de diamant fut découvert à soixante centimètres du sol lors des travaux de terrassement de la piste de l'aéroport [12].

L'Afrique regorge suffisamment d'hydrocarbures pour lui permettre de se hisser parmi les grands pays dans l'industrie pétrochimique. Elle produit du gaz naturel, notamment dans le golfe de Guinée. Des forêts du bassin du Congo sortent des bois tropicaux très recherchés.

Elle dispose de ressources énergétiques suffisantes pour assurer son industrialisation, de 60% des terres arables non exploitées du monde [13], ce qui devrait lui permettre de satisfaire ses besoins alimentaires [14].

Utilisé abondamment par les dirigeants africains, les organismes publics, privés, nationaux ou internationaux, le concept développement revêt-il la même signification pour tous ? Faut-il se demander avec Axelle Kabou si l'Afrique le refuse ? [15]

Le professeur Patrick Guillaumont situe la définition du développement à un niveau descriptif et normatif et à un niveau explicatif.

Au niveau descriptif et normatif, « le sous-développement est la situation dans laquelle involontairement les besoins fondamentaux de l'homme ne peuvent être satisfaits » et « le développement [...] l'évolution au cours de laquelle les besoins fondamentaux de l'homme sont progressivement satisfaits » [16].

Au niveau explicatif, « le sous-développement est un gaspillage, une destruction des capacités humaines [...], un état d'insatisfaction des besoins fondamentaux (ou d'inaccessibilité au minimum vital) qui constitue, par la diminution des capacités qui en résultent, un obstacle à la satisfaction même de ces besoins. C'est donc un état auto-entretenu d'insatisfaction des besoins fondamentaux (ou de stagnation) ». Le développement, lui, « est un accroissement, une amélioration des capacités humaines [...]. C'est l'évolution qui conduit à la satisfaction des besoins fondamentaux, à l'accroissement des capacités et de celui-ci à celle-là. C'est [...] le processus (cumulatif) par lequel les hommes en parvenant à satisfaire leurs besoins fondamentaux deviennent aptes à les satisfaire plus encore » [17]. L'auteur précise que ces besoins sont « communs aux hommes de différentes cultures et civilisations » ; il s'agit de « besoins physiques (nourriture, santé) et psychiques (connaissance, art, participation à une activité) » [17].

Le stade d'évolution des populations de la planète amène à faire des réserves sur cette vision globale. Sans doute s'explique-t-elle par une position euro centriste. En effet, il revient aux différentes populations de déterminer leurs besoins ainsi que les moyens de les satisfaire.

D'ailleurs, le développement à l'occidentale n'est pas unanimement partagé. Par exemple, Monseigneur Dom Helder Camara, dans la préface du livre *La pauvreté richesse des peuples* d'Albert Tévoédjrè, met en garde contre la tentation de se fixer comme idéal cette « société de consommation que le gain déchaîné et sans limites transforme en enfer et que l'on dénomme déjà, avec raison, société de gaspillage et de suicide » [18].

Y aurait-il une voie africaine du développement comme naguère pour le socialisme et à un moment donné pour la démocratie ?

Quant aux causes du sous-développement, deux séries de facteurs sont avancées pour l'expliquer : des facteurs exogènes et des facteurs endogènes.

Les facteurs exogènes sont la traite des Noirs et la domination coloniale.

Dans le discours qu'il avait prononcé en décembre 1962 lors du « colloque sur les politiques de développement et les diverses voies africaines vers le socialisme », le président Léopold Sédar Senghor, alors à la tête du Sénégal, soulignait que « le retard africain était dû moins au sol et au climat, moins à la colonisation qu'à la traite des Nègres » [19]. D'après lui, Dard, l'auteur de la première grammaire wolof, avait chiffré à 20 millions le nombre de Nègres déportés en trois siècles aux Amériques [19]. Le président sénégalais estimait que la saignée devait être de 200 millions d'hommes, en tenant compte du fait que « pour un déporté, neuf mouraient dans la chasse aux esclaves ou dans les cales des navires négriers » [19].

Analysant lui aussi les conséquences néfastes de la traite de l'Atlantique, l'historien Ki Zerbo observe : « le prélèvement est opéré dans les tranches de populations les plus nécessaires au dynamisme et au progrès, c'est-à-dire les meilleurs producteurs et procréateurs » [20]. Il souligne également les graves perturbations sociales et morales que la traite a engendrées (guerre, violences intra-tribales et intertribales, déséquilibres, déchirements familiaux, traumatisme moral et idéologique) [20].

La colonisation, elle, a cherché à détruire l'Africain, lui déniant personnalité et culture, perturbant son cadre de vie depuis la famille traditionnelle jusqu'à l'État précolonial, en passant par l'ethnie.

Sur le plan économique et commercial, la domination coloniale est fondée sur le pacte colonial : les colonies sont utiles à la production des matières premières indispensables aux industries du pays colonisateur, pour y écouler ses produits manufacturés ; elles sont cloisonnées entre elles, les échanges de chacune ne se faisant qu'avec le pays colonisateur. Il en résulte pour celui-ci enrichissement et pour elles appauvrissement.

Aujourd'hui, la colonisation, en théorie du moins, a vécu. Cependant, les économies des pays africains demeurent, pour une large part, des économies de rente.

Pour les marxistes, par exemple Pierre Jalée [21] et Charles Bettelheim [22], la cause du sous-développement de l'Afrique est l'impérialisme. Ce dernier contrôle les sources de matières premières dans le Tiers Monde en général et en Afrique en particulier et les exploite à son profit. Il en résulte une satellisation des économies de ces pays par rapport à celles des pays impérialistes et par conséquent, une intégration du Tiers Monde, donc de l'Afrique, dans le système impérialiste mondial.

D'autres auteurs rejoignent les marxistes en estimant eux aussi que la cause du retard de l'Afrique est l'impérialisme occidental.

Par exemple, Jean Claude Djéréké écrit : « sans nier la part de responsabilité de nos dirigeants dans la tragédie de l'Afrique, nous pensons plutôt que l'obstacle majeur et premier à notre développement global et intégral est le racisme et l'impérialisme de certains Occidentaux » [23]; il poursuit : « l'Afrique ira mieux [...] si la France officielle consent à passer du tutorat à une véritable coopération, si elle tourne le dos au complexe de supériorité et cesse d'infantiliser les Africains » [24].

Cette prise de position soulève des questions. Dans le monde actuel, peut-on s'attendre à une telle bienveillance de la part d'une puissance ? Le général de Gaulle avait affirmé que les États n'ont pas d'amis mais des intérêts. Alors sans aucun doute, ne faut-il pas espérer pareille renonciation.

Les Africains sont-ils irrémédiablement destinés à être « infantilisés » ? Sont-ils poursuivis, comme le pensent certains d'entre eux, par une malédiction ? Il n'y a ni déterminisme ni malédiction.

D'ailleurs, Jean Claude Djéréké observe que « l'Afrique noire francophone n'a pas encore payé le prix qu'il faut pour accéder à la liberté » [25]. Ce prix n'est pas un prix de sang. Dans le contexte d'aujourd'hui, sans négliger le phénomène impérialiste, l'Africain en général doit se surpasser, d'abord culturellement, s'appesantir sur les causes endogènes du sous-développement et se donner la volonté ainsi que les moyens de son développement.

Les réflexions les plus profondes désignent la *culture* de l'Africain comme l'agent fondamentalement responsable de son retard, d'abord avant la colonisation, ensuite de nos jours. C'est la culture de l'Africain qui ne l'avait pas préparé à affronter le choc qu'a représenté l'occupation coloniale.

C'est encore elle qui, après et malgré ce choc, dans l'environnement difficile de ce troisième millénaire, ne l'a toujours pas préparé à affronter avec efficacité les enjeux (le plus important est de continuer à exister) ainsi que les défis (par exemple la mondialisation, les nouvelles technologies de la communication) de notre monde, à la différence notamment des pays asiatiques confrontés aux mêmes chocs et au même environnement.

La culture préoccupe si peu certains gouvernants africains qu'il importe de circonscrire cet autre concept et de situer sa place fondamentale dans les champs politique et social.

L'anthropologue britannique Edward Burnett Tylor a défini la culture comme un « ensemble complexe incluant les savoirs, les croyances, l'art, les mœurs, le droit, les coutumes ainsi que toute disposition ou usage acquis par l'homme vivant en société » [26].

Le professeur Serge Latouche, lui, distingue deux définitions de la culture, une définition culturelle et une définition culturale.

La première, celle des économistes (y compris marxistes, *précise l'auteur*) et de la métaphysique occidentale, concerne « la sphère des activités humaines qui renferme l'art et toutes les formes de représentations » [27] ; elle correspond aux attributions dévolues aux structures mises en place à cet effet (départements ministériels, instituts, centres).

Dans la définition culturale, celle qui fait intervenir ethnologues et anthropologues, la culture est « le mode de réponse donné par chaque groupe humain au problème de son existence sociale » [27].

Selon lui, le développement, « idéologie » de l'Occident, est « la croyance exorbitante et spécifique en la maîtrise de la nature » [28] et le sous-développement « d'abord l'extraordinaire processus de déculturation engendré par l'Occident ». « Déculturation et occidentalisation, *ajoute-t-il*, sont bien les deux faces d'un même phénomène » [29].

De cette réflexion on peut tirer deux conclusions :

- un lien existe entre développement et culture et si « l'Occident est le résultat d'un extraordinaire éclatement de milliers de cultures » [29], sans doute est-il préférable de se garder d'être détruit ;
- si l'Africain doit alors rechercher sa voie vers le mieux-être, c'est dans sa culture qu'il doit puiser - au besoin en rénovant certains pans de celle-ci - les ressources nécessaires à son renouveau et à sa place dans le concert des nations.

La culture mérite d'autant plus l'attention que la situation de l'Afrique aujourd'hui est sans commune mesure avec celle de l'époque où sa « pendule » était en avance sur presque toutes les autres.

Berceau de l'homme et de la civilisation, elle s'était, puisant dans ses propres ressources, hissée à un haut degré de progrès sur le plan culturel et intellectuel.

L'ouvrage de Welch Galbraith, *L'Afrique avant la colonisation,* comporte une introduction intitulée « La personnalité africaine et la "pendule africaine » ; cet auteur y écrit : « Très tôt l'Afrique éprouva le besoin de fonder des universités. Celles du Caire et de Fès furent créées bien avant que l'Europe n'en possédât une. Ultérieurement, l'Afrique se donna la célèbre université de Tombouctou. Il y eut une longue période au Moyen Age, où l'Afrique méditerranéenne, comparée à l'Europe, tint le flambeau du progrès intellectuel et culturel ». Il donne comme témoignage « ces chiffres dits arabes qu'Alger enseigna à l'Europe » [30].

Edem Kodjo observe que selon l'historien Ki Zerbo, encore « avant l'irruption européenne » [31], l'Afrique et l'Europe étaient à un niveau identique au plan de la technique et de la science. Puis cette dernière, d'après Nathan Rosenberg et L.E. Birdzell Jr., à partir du milieu du XVème siècle, a commencé à se transformer du fait d'une mutation culturelle résidant dans l'esprit d'innovation. A partir du milieu du XVIIIème siècle cet esprit est omniprésent.

D'après ces auteurs, contrairement aux idées répandues, la prospérité de l'Occident ne s'explique pas par la science et l'invention, domaines où « la Chine et les nations islamiques furent les deux foyers de créativité scientifique et technique alors qu'['il] se dégageait à peine de la féodalité » [32], ni par les inégalités de la fortune capitaliste, ni par le monopole des matières premières, ni par l'exploitation d'autres peuples. Cette mutation culturelle est intervenue dans la gestion commerciale et entrepreneuriale. Pour ces auteurs, « les sources immédiates de la croissance occidentale furent des innovations commerciales, technologiques et méthodologiques, associées à une accumulation simultanée de capital, de main-d'œuvre et de ressources naturelles » [33].

Les développements précédents conduisent à comprendre que la renaissance africaine exige de profonds changements, qui ne sont pas toujours faciles à réaliser mais ne sont nullement impossibles. Se demandant « si le génie noir doit cultiver ce qui fait son originalité, cette jeunesse de l'âme, ce respect inné de l'homme et du créé, cette joie de vivre, cette paix qui est [...] harmonie naturelle avec la majesté heureuse de la vie » [34], Alioune Diop, dans la préface du livre *La philosophie bantoue* du Révérend père Tempels, a d'abord ces mots : « la notion même de culture, conçue comme volonté révolutionnaire, est contraire à notre génie, comme la notion même de progrès. Le progrès n'eût hanté notre conscience que si nous avions quelques griefs contre la vie, donnée naturelle » [34]. Mais réalisant la nécessité d'une mutation, il ajoute : « lorsqu'un univers mouvant s'empare de vous, il est prudent de raidir les jarrets et l'attention. L'abandon et l'inconscience pourraient être mortels » [34].

L'Afrique étant tellement diversifiée du point de vue géographique, sociologique, linguistique, historique, peut-on lui reconnaître une culture ?
Pour certains intellectuels, c'est précisément dans ce domaine que se manifeste l'unité africaine [35]. Dans son ouvrage *L'Afrique a-t-elle besoin d'un programme d'ajustement culturel?* Daniel Etounga Manguelle relève six traits culturels communs : la soumission totale à l'ordre divin, le refus de la tyrannie du temps, le poids d'un pouvoir et d'une autorité indivisibles, l'effacement de l'individu face à la communauté, une convivialité excessive et le refus épidermique de tout conflit ouvert, enfin l'incapacité sur le plan économique [36].
Plusieurs traits identifiés par Daniel Etounga Manguelle ont pour origine « l'enflure de l'irrationnel » [37], pour reprendre son expression.

La culture comme facteur de blocage pose la problématique de l'Africain avec elle. Car, si elle contribue à façonner l'homme, elle est aussi le produit de son œuvre. Si elle pose problème, si elle devient inadaptée, il lui revient alors de la remettre en cause, de l'enrichir.

Par conséquent, il importe de s'intéresser à l'Africain, de rechercher ses comportements inhibiteurs du progrès. Ce sont les enfants de ce continent tant convoité pour ses potentialités qui sont, en partie au moins, à l'origine de son retard. Répertorier ces traits de culture inhibiteurs du progrès doit conduire à réformer le système éducatif c'est-à-dire l'ensemble des structures et institutions contribuant dans les divers domaines (moral, civique, scolaire, universitaire, scientifique, technique, etc.) à la formation des citoyens, à la détermination de leur personnalité.

Les facteurs inhibiteurs du développement seront recherchés particulièrement, d'une part dans la personnalité de l'Africain, (1re partie), d'autre part au sein de l'État africain postcolonial, l'entité où l'on légifère, réglemente, où l'on doit promouvoir la culture et le progrès (2e partie).

Avant la première partie, il importera de rappeler les éléments qui, habituellement dans une société humaine, contribuent à l'enracinement culturel de ses membres : le nom, la langue et l'éducation. En outre, comme l'Africain vit, en principe, intégré au sein d'entités sociologiques, il est utile d'apprécier leur impact sur lui-même.

Notes

[1] Devise du Centre de Recherche pour le Développement Endogène (CRDE) à Dakar, voir J. Ki Zerbo, (sous la direction de), *La natte des autres-Pour un développement*

endogène en Afrique, CODESRIA, Dakar – Karthala, Paris, 1992, p. 5.

[2] L'article II de la Charte de l'OUA relatif à ses objectifs indique que pour les atteindre, les États membres coordonneront et harmoniseront leurs politiques générales, en particulier en matière d'économie, de transports et communications.

[3] Parmi les objectifs prévus par l'Acte constitutif de l'Union Africaine (article 3), figurent :

- la promotion du développement durable aux plans économique, social et culturel, ainsi que l'intégration des économies africaines ;
- la promotion de la coopération et du développement dans tous les domaines de l'activité humaine en vue de relever le niveau de vie des peuples africains ;
- l'accélération du développement du continent par la promotion de la recherche dans tous les domaines, en particulier scientifique et technologique.

[4] R. Bourgi, *Le général de Gaulle et l'Afrique noire -1940-1969*, LGDJ, Paris, 1980, p. 114.

[5] Le volet politique comportait deux orientations fondamentales : l'intégration politique des pays d'outre-mer dans la République française, autrement dit le maintien adapté du statut colonial ; une certaine décentralisation administrative à l'échelon local. Ces deux orientations furent traduites par la représentation des territoires (et non des fédérations) au sein du Parlement français et par l'autonomie territoriale issue de la loi-cadre du 23 juin 1956 ; elles scelleront le processus de l'indépendance dans le cadre territorial.

[6] R.Bourgi, op.cit., pp. 484-485.

[7] Le Comité Français de Libération Nationale était un organisme créé le 3 juin 1943, défini comme « le pouvoir central français » exerçant la souveraineté française sur

tous les territoires placés hors du pouvoir de l'ennemi » et dont la mission était de « rétablir toutes les libertés françaises, les lois de la République et le régime républicain [...] ».
Lors de sa création, la présidence était assurée conjointement par le général de Gaulle et le général Giraud ; puis à partir du 6 novembre 1943 par le premier seul.

[8] Cité par R. Bourgi, op. cit., p. 134.

[9] S. Smith, *Négrologie-Pourquoi l'Afrique meurt*, Hachette Littératures, Paris, 2006, pp. 91-92.

[10] Idem, p. 92.

[11] Le Ghana, premier pays d'Afrique noire à être décolonisé, a célébré ses cinquante ans d'indépendance en mars 2007.

[12] P. Janssen, *A la cour de Mobutu*. Éditions Michel Lafon, Paris, p. 71.

[13] D. Roux, « *Les lions africains commencent à rugir* », *L'Union (*Libreville), n° 10753 du jeudi 13 octobre 2011, p. 6.

[14] La seule République Démocratique du Congo (RDC) témoigne de ce contraste. En raison de sa position centrale en Afrique noire, de sa superficie et de ses richesses elle devrait jouer le rôle de catalyseur pour d'autres pays, en particulier ceux de sa périphérie.
Voici ce qu'écrit le gendre de Mobutu pour la seule GECAMINES, la Générale des carrières et des mines. Cette entreprise d'État située au Shaba « a pour mission d'exploiter les sous-sols qui regorgent de cobalt, de cuivre, de manganèse, de platine, de malachite et, à un moindre degré, d'or et de diamants ». Cette accumulation de richesses a donné lieu à l'expression *scandale géologique du Zaïre*. Il s'agit de richesses, *poursuit-il*, « susceptibles non seulement de faire entrer des devises mais aussi

d'assurer le développement et la prospérité du pays ». Voir P. Janssen, op. cit, p.109.

[15] A. Kabou, *Et si l'Afrique refusait le développement ?* L'Hamattan, Paris, 1991.

[16] P. Guillaumont, *Economie du développement*, tome 1, PUF, Paris, p. 49.

[17] Idem, pp. 50-51.

[18] Monseigneur Dom Helder Camara, ancien archevêque d'Olinda et Recife, dans la préface du livre *La pauvreté richesse des peuples* d'Albert Tévoédjrè, p. 13.

[19] L.S. Senghor, « *Les données du problème* ». *Colloque sur les politiques de développement et les diverses voies africaines vers le socialisme. Développement et socialisme*, Dakar 3-8 décembre 1962, Présence africaine, Paris, 1963, p. 13.

[20] J. Ki Zerbo, *Histoire de l'Afrique noire*, Hatier, Paris, p. 220.

[21] Pour Pierre Jalée, les pays de la périphérie sont « des pays exploités, dominés et à économie déformée ». P. Jalée, *L'impérialisme en 1970*, Petite Collection Maspero, Paris, 1969, p. 168.

[22] Selon Charles Bettelheim, les pays africains et d'une manière générale ceux du Tiers Monde, ont subi une évolution faite en fonction de deux dominantes : leur dépendance et leur exploitation ont conduit au blocage du développement par la désarticulation sectorielle de l'économie. Cité par P. Jalée, op. cit., p. 168.

[23] J.C. Djéréké, *L'Afrique refuse-t-elle vraiment le développement ?* L'Harmattan, Paris, 2007, p. 163.

[24] Idem, op.cit., p.228.

[25] Idem, op. cit., pp. 75-76.

[26] E.B. Tylor cité par P. Bonte et M. Izard, *Dictionnaire de l'etnographie et de l'anthropologie,* QUADRIGE/PUF, 3ème édition, Paris, 1991, p. 190.

[27] S. Latouche, « *L'échec de l'occidentalisation du Monde* », *Tiers Monde*, juillet-décembre 1984, p. 884.
[28] Idem, p. 885.
[29] Idem, p. 886.
[30] W. Galbraith, *L'Afrique avant la colonisation*, Fayard, Paris, 1970, p. 13.
[31] E. Kodjo, *Et demain l'Afrique*, Stock, Paris, 1985, p. 96.
[32] N. Rosenberg et L.E. Birdzell Jr., « *Le passé : comment l'Occident s'est enrichi », Le monde des Affaires, Dialogue*, n° 76.2, 1987. p. 18.
[33] Idem, p. 20.
[34] Alioune Diop, préface du livre *La philosophie bantou*e du Révérend père Placide Tempels, Présence africaine, Paris, 1948, pp. 8 et 9.
[35] D. Etounga Manguelle, *L'Afrique a-t-elle besoin d'un programme d'ajustement culturel ?* Éditions Nouvelles du Sud, Paris, 1991, p. 35.
[36] Idem, pp. 42 et s.
[37] Idem, p. 60.

Chapitre préliminaire

Les éléments de l'enracinement de l'Africain

Pour un individu, la conscience de son identité [1] constitue le levier fondamental, la semence sans cesse génératrice de sa propre et permanente construction, de ses rapports avec les autres, notamment avec l'étranger. C'est avec cette conscience jointe à une vision claire d'appartenir à une communauté que de grands hommes ont façonné l'histoire.

Aujourd'hui, nombre d'Africains, en particulier de gouvernants, ont le regard tourné vers les pays d'Asie qui émergent dans le concert des pays industrialisés : le Japon depuis longtemps, récemment la Chine, l'Inde et la Corée du Sud. Ces pays présentent un fonds culturel ancien, riche et solidement ancré.

Comme l'écrit Paul K. Fokam, « l'enrichissement de l'identité culturelle est le véritable ferment qui permet d'enraciner profondément le développement et d'en faire un processus durable » [2].

Par conséquent, la préoccupation fondamentale, surtout des gouvernants et des élites du continent, doit être de relier enrichissement de l'identité et développement endogène [3].

L'adoption d'une telle orientation a des implications et des exigences nombreuses et d'abord d'ordre culturel : la fierté de son identité, sa valorisation, la connaissance de son passé, de son histoire, des valeurs de sa communauté. Aussi faut-il analyser les éléments contribuant ou devant contribuer à cette identité, à savoir le nom, la langue et l'éducation.

Chercher à cerner la personnalité de l'Africain amène aussi à observer le socle où elle éclôt et éventuellement s'enrichit ; en effet, il vit au sein d'entités sociologiques.

1 Le nom

Le nom a fondamentalement une résonance culturelle. Deux sortes de noms sont à évoquer : le nom individuel et le nom commercial.

1 1 Le nom individuel

Dans toutes les civilisations, l'enfant, après sa naissance, est désigné par un nom. Cet élément d'identification, chronologiquement le premier, le rattache à une culture, à moins qu'il ne traduise une déculturation, à tout le moins un changement par rapport à un état culturel originel.

L'attribution, les changements et les fonctions du nom sont variables selon les civilisations.

En Afrique, dans le droit traditionnel, l'individu reçoit un ou plusieurs noms. Après la naissance, le nom peut être donné simplement par le père, parfois par la mère, l'oncle ou le grand-père maternel. Chez certaines populations, il est attribué lors d'une cérémonie. Il en est ainsi chez les Ouêhi, population de l'Ouest de la Côte d'Ivoire, actuellement connus sous le nom de Guéré [4].

Au premier nom, s'ajoute ou peut s'ajouter celui du père géniteur. Car le premier, à la différence du nom patronymique, peut être porté par plusieurs individus ; l'adjonction du nom du géniteur permet de différencier les membres de la famille.

Le premier nom peut être attribué autrement.

La naissance de jumeaux constitue l'une des circonstances qui expliquent l'attribution de noms spécifiques. Dans certaines ethnies, ces noms sont invariablement les mêmes ; dans d'autres, comme chez les Fali, ils sont donnés selon l'ordre de naissance [5].

Certains noms de jumeaux sont propres aux garçons, d'autres aux filles.

Selon les ethnies, un nom spécifique est également attribué à l'enfant né avant eux (lequel reçoit alors un nom complémentaire) ainsi qu'à celui qui nait après eux, et même, en fonction des ethnies, à celui qui suit ce dernier.

D'autres circonstances sont à l'origine de l'attribution du nom :

- le jour de la naissance ; dans cette hypothèse, l'impact de l'ésotérisme est manifeste ; à chaque jour solaire correspond un nom pour l'enfant de sexe masculin ou de sexe féminin ; il en est ainsi chez les Baoulés et les Ewés [6] ;
- la guerre ; par exemple, l'enfant s'appellera « jour de guerre » ;
- la stérilité antérieure de la mère peut donner lieu à l'attribution d'un nom déprécatoire ;
- les défis surmontés par une ethnie ou une famille [7];
- les espoirs suscités par une naissance après une période d'épreuves [7] ;
- l'amitié : l'enfant reçoit le nom d'un ami d'un de ses ascendants appartenant à une autre ethnie, en particulier du père ou d'un bienfaiteur de ce dernier [8] ;
- le mariage : la femme mariée reçoit un nouveau nom ou une adjonction de nom afin de marquer son intégration dans le groupe familial de l'époux.

En dehors de l'hypothèse du mariage, d'autres changements de nom peuvent intervenir pour diverses raisons :

- à l'époque coloniale, ce fut un stratagème utilisé par certaines personnes afin de se soustraire au paiement de l'impôt de capitation ;
- en Côte d'Ivoire, en application de la loi n° 64-381 du 7 octobre 1964, la volonté du demandeur de porter le nom patronymique de son père [9];
- la participation à une « cérémonie de passage » [10], par exemple la circoncision, la scarification ;
- la recherche de la protection de l'enfant contre les mauvais esprits.

Le nom peut tenir d'une particularité physiologique (minceur, handicap physique) ou fonctionnelle (logorrhée, surdité, paresse) de la personne.

Cette dernière peut aussi porter d'autres noms ou surnoms : nom rituel, surnom de flatterie ou de plaisanterie.

Le nom, ainsi donné, ainsi modifié parfois, accompagnant ainsi la personne dans certaines étapes de sa vie, répond à plusieurs fonctions qui peuvent se juxtaposer.

On peut reprendre celles distinguées par Isaac Nguéma [11] à propos du droit traditionnel de l'ethnie ntumu [12] : la « puissance créatrice », la « fonction de consécration » et le « pouvoir de résurrection ».

En raison de sa « puissance créatrice », le nom fait entrer l'enfant dans la vie communautaire ; auparavant, il n'y a pas d'existence.

Dans toutes les ethnies, le nom, dès qu'il est donné, est un élément fondamental de la personnalité ; aujourd'hui encore, c'est à son ethnie que l'Africain doit son nom, sauf dans certains cas : celui où, comme on l'a vu, l'enfant reçoit le nom d'un ami du père appartenant à une autre ethnie, celui où l'enfant reçoit le nom d'un géniteur non africain, enfin le cas de francisation.

Le nom a aussi une « fonction de consécration ». A partir de l'attribution du nom par le père, l'enfant est admis dans le groupe familial de ce dernier, sous la protection des ancêtres du clan ; désormais, il est un membre de ce groupe. Le nom donné à l'enfant est le « réceptacle » de la force du groupe familial et de celle des ancêtres du clan. Dans l'ethnie ntumu, la fonction d'intégration du nom est si forte que si l'enfant qui a reçu un nom dans le clan de son père se rend dans le terroir de sa mère, il y reçoit un autre nom [13].

C'est dans le cadre de la « fonction de consécration » qu'un nouveau nom est attribué à la femme mariée.

Tel est aussi l'exemple de l'initié qui, en raison de l'acquisition de ce statut, se voit attribuer un nouveau nom qui s'ajoute éventuellement au premier. Éventuellement, car au lieu de se substituer au premier, le nouveau nom devient simplement un élément d'identification complémentaire.

Il peut en être de même d'autres personnes ayant accédé à la notoriété, par exemple un sportif, un musicien, etc.

Avec le « pouvoir de résurrection », l'acte de dénomination a pour effet de faire « revivre » le membre du groupe décédé dont l'enfant reçoit le nom ; si le parent est vivant, il y a phénomène de « projection ». Qu'il s'agisse de l'hypothèse de la « résurrection » ou de celle de la « projection », l'effet recherché peut être tellement fort, tellement ressenti, que l'enfant, quel que soit son âge, par respect, par affection, est appelé conformément au rang familial de celui dont il porte le nom : selon le cas, grand-père ou grand-mère, père ou mère, oncle ou tante, grand frère ou grande sœur.

En outre, le nom peut avoir une fonction religieuse [par exemple Guela Son (Le bras de Dieu)] [14] ou mystique [par exemple Kouohoulou (La voix de l'invisible), Deitin (Apprend à écouter le silence)] [15] ; il peut être considéré comme source d'énergie, par exemple dans sa langue vernaculaire, l'enfant est appelé lion [16].

L'impact de la colonisation

Les colonisateurs furent aussitôt suivis en Afrique par ceux que l'on nomme communément les missionnaires, c'est-à-dire les prédicateurs des églises chrétiennes.

En ce qui concerne le nom, les uns et les autres vont contribuer à la modification des données jusque-là en usage.

L'administration coloniale institue l'état civil et la carte d'identité. Désormais, existe l'obligation de déclarer les naissances, les mariages à l'état civil (pas les mariages coutumiers) et les décès ainsi que de posséder une carte d'identité.

Cette dernière entraîne comme conséquence l'attribution à l'individu d'un seul nom quel que soit le milieu social où il se trouve et quelles que soient les circonstances vécues.

Lourde de conséquences également est l'introduction du nom patronymique. Auparavant, comme nous l'avons indiqué, afin d'identifier l'individu dans la chaîne généalogique, à son nom s'ajoutait celui du père géniteur avec ou sans la liaison d'un préfixe.

Le nom patronymique brise cette chaîne ; la fonction de création du nom disparaît. Tous les enfants (garçons et filles) portent désormais le nom de leur père.

Les églises, elles, ont initié l'habitude de lier le baptême à l'adjonction d'un ou plusieurs prénoms, des saints patrons. Il arrive maintenant qu'on donne à l'enfant un prénom emprunté hors du champ socio-culturel, par exemple en usage en Scandinavie, en Europe de l'Est ou ailleurs.

En plus du baptême, la religion catholique a introduit une nouvelle conception du monde, opposée à celle de la société traditionnelle. En Afrique, comme elle l'a fait ailleurs, elle enseigne la primauté de l'individu. S'agissant de l'enfant, il est une créature de Dieu, au même titre que ses parents ; il n'est pas enfant du clan. Désormais, ses liens avec le milieu social, clanique, ethnique se trouvent, a priori, distendus.

Ces influences ont engendré une situation nouvelle. Aujourd'hui, on peut retenir comme constante générale, la « réglementation » à travers l'état civil et l'identification par une pièce d'identité (carte d'identité, passeport, etc.).

Pour la dénomination de l'individu, on peut noter trois situations :

- l'attribution du nom généalogique seul ou suivi de celui du géniteur ; dans ce second cas, l'adjonction du nom du géniteur peut résulter seulement de l'usage ; l'acte d'état civil ne le mentionne pas ;
- l'attribution du nom patronymique et d'un nom généalogique. Ce dernier peut être officiel c'est-à-dire figuré sur l'acte d'état civil ou être plus ou moins d'usage dans la famille.

Dans cette hypothèse, la chaîne généalogique est maintenue ; le pouvoir de « résurrection » ou le phénomène de « projection » du nom demeure.

On peut ranger sous cette rubrique l'attribution d'un nouveau nom à la femme mariée. Cette attribution est devenue une éventualité et lorsque c'est le cas, son usage n'est pas constant ; l'attribution présente un caractère symbolique ;

- l'attribution du nom patronymique simple ou composé. Dans les deux cas, les enfants reçoivent le nom de leur père.

Le second cas (le nom patronymique composé) se produit lorsque le père qui inaugure le nom patronymique a lui-même un nom composé : celui qui lui a été donné joint à celui de son géniteur. Lorsqu'il transmet à ses enfants un tel nom patronymique composé, on se trouve face à une situation qui est en porte-à-faux par rapport au droit traditionnel.

Dans cette troisième situation, la fonction de consécration du nom ne saurait exister ; il n'y a plus de nom de circonstance et le pouvoir de « résurrection » ou de « projection » n'est plus possible.

Après l'indépendance, quatre remises en cause du prénom de baptême concernant des chefs d'État sont à signaler : celles des présidents NGarta Tombalbaye (Tchad), Gnassingbé Eyadema (Togo), Mobutu Sese Seko (Zaïre) et Omar Bongo (Gabon).

Le troisième a généralisé l'abandon des prénoms de baptême à tous ses compatriotes au nom de la politique dite d'authenticité. Après sa perte du pouvoir, le pays a changé de nom, devenant République Démocratique du Congo (RDC), et de nombreux Congolais ont repris leur prénom de baptême. La politique du maréchal président eut l'inconvénient d'avoir été une politique de contrainte alors qu'une politique de réappropriation culturelle libre eût été préférable.

L'ancien président gabonais, lui, a d'abord changé de prénom, abandonnant Albert-Bernard pour Omar suite à sa conversion à la religion musulmane en 1973. En 2004, il a ajouté à Bongo le nom de son géniteur Ondimba conformément au droit traditionnel.

Le président tchadien a lui aussi pris un nom composé, devenant Idriss Deby-Itno.

1 2 Le nom commercial

Il est un élément du fonds de commerce ; il sert à son identification et à véhiculer sa notoriété, à assurer sa publicité ; aussi est-il protégé.

Il possède une signification précise ; il se rattache à un contexte culturel donné où l'on discerne en particulier les habitudes, éventuellement la référence à l'histoire du lieu, à sa géographie, à des évènements, des personnages ou des souvenirs personnels du propriétaire, etc.

Le constat à faire est qu'il est parfois l'occasion d'une forte extraversion, car ne s'inscrivent pas dans un contexte local, endogène, les noms « déconnectés » de Saint-Tropez, Beverly Hills, Hollywood, Santa Barbara, Top Model, etc. désignant des bars, restaurants ou échoppes, ceux d'Air Force One ou US Navy donnés à des taxis bus.

2 La langue

La langue est l'un des éléments essentiels de la personnalité de l'individu. « Accepter la mort des langues africaines, avertit le professeur Ki Zerbo, c'est aller au suicide culturel » [17].

La langue véhicule la culture au sein et en dehors de la société.

Normalement, l'enfant l'apprend dans sa famille et se trouve ainsi rattaché à son ethnie dont ce vecteur constitue un pan du patrimoine.

Sur ce point, le colonisateur a bouleversé les données de la société traditionnelle non seulement en introduisant sa langue, mais en imposant son utilisation.

Après l'indépendance, dans la plupart des pays d'Afrique noire, la langue du colonisateur est devenue la langue officielle. Son utilisation, même dans la vie quotidienne ainsi que celle des langues véhiculaires menacent l'existence des langues vernaculaires disposant de peu de locuteurs, à tel point que si l'on n'y prend garde, certaines de celles-ci, avant un siècle, auront disparu.

Cette indépendance aurait dû être le point de départ de la réhabilitation des langues africaines.

Ces dernières sont classées en quatre grandes familles [18] comportant en leur sein des familles ou groupes : la famille Niger-Congo qui comporte les langues bantu, la famille afro-asiatique (ou afrasienne), la famille khoïsan et la famille nilo-saharienne.

Les langues parlées au sud du Sahara appartiennent aux trois premières grandes familles.

Trois points sont à souligner à leur sujet : leur multitude, les efforts de réhabilitation et d'intégration dans l'enseignement et leur statut.

Elles sont très nombreuses, près de 2000 s'agissant des langues d'Afrique noire ; les langues bantu sont estimées à 500 et leurs locuteurs à environ 100 millions.

Cette multitude accroît les difficultés de réhabilitation, passage obligé de leur sauvegarde. Cette dernière requiert l'intervention des pouvoirs publics au moins pour deux raisons : ces langues étant des manifestations du génie humain, il leur revient de protéger ce patrimoine ; même si les familles doivent y être impliquées, il leur incombe, en vue de leur apprentissage et de leur insertion dans le cycle scolaire, de mettre en œuvre les structures et moyens appropriés (écoles maternelles, supports didactiques).

Des efforts de réhabilitation de langues africaines ont lieu dans certains pays dont le Sénégal, le Burkina Faso, la Côte d'Ivoire, le Cameroun, le Gabon. Ils sont variables quant à leur nature : émissions d'information à la radio ou/et à la télévision, enseignement religieux, enseignement à l'aide de supports didactiques, enseignement de la linguistique à l'université, rédaction de dictionnaires.

Dans quelques pays, indépendamment de la langue du colonisateur (langue officielle), à côté des langues vernaculaires, existe une langue véhiculaire, parlée par des personnes appartenant à diverses communautés. Sans être exhaustif, il en est ainsi du lingala (RDC, Congo, RCA, Angola, Cameroun), du sangho (RCA), du bambara (Mali, Burkina Faso, Côte d'Ivoire, Guinée), du haoussa (Nigeria, Cameroun, Niger, Ghana, Mali, Bénin, Burkina Faso, Togo), du yoruba (Nigeria, Bénin, Togo, également parlé en Amérique latine particulièrement à Cuba et au Brésil lors de cultes pratiqués par des descendants d' esclaves africains).

Depuis 1994, l'Éthiopie n'a plus de langue officielle ; l'État a reconnu toutes les langues locales, l'amharique ayant le statut de langue de travail du gouvernement.

Quelques États ont plusieurs langues officielles, celle de l'ancien État colonisateur et une ou plusieurs langues locales. Par exemple : en Afrique du Sud il y a : l'anglais, l'afrikaans, le ndébélé, le xhosa, le zulu, le sotho du nord, le sotho du sud, le kiswahili, le tsonga, le tswana et le venda; au Botswana : l'anglais et le tswana ; au Burundi : le français et le kirundi [19].

Enfin, peu d'États ont choisi pour langue officielle le kiswahili : la Tanzanie, le Kenya et l'Ouganda ; l'anglais en plus.

Certaines langues africaines sont davantage parlées que d'autres : soit qu'elles aient le statut de langue de travail (l'amharique en Éthiopie), soit celui de langue véhiculaire comptant alors de nombreux locuteurs (36 millions pour le lingala, 9 millions pour le bambara, locuteurs natifs et en seconde langue, 25 millions pour le yoruba, 50 millions pour le haoussa).

Parmi les langues africaines parlées au sud du Sahara, la première place est occupée par le kiswahili :

- il est parlé dans plusieurs pays d'Afrique de l'Est : Tanzanie, Kenya, Ouganda, Rwanda, Burundi, République Démocratique du Congo (RDC), Somalie, Comores (y compris Mayotte, le shimaore en étant une variante), Mozambique, Malawi ;
- les locuteurs des langues swahili (comme première et seconde langue) sont estimés à 60 millions, soit le groupe de locuteurs le plus important en Afrique noire ;
- en Tanzanie, l'enseignement au primaire ainsi qu'au secondaire est assuré dans cette langue ; depuis 1970, les débats au parlement s'y déroulent également en kiswahili.

Ces développements permettent de comprendre que la langue représente une faille fondamentale dans l'identité culturelle de nombreux Africains au Sud du Sahara. Sur la planète, ils sont les seuls représentants d'une communauté de cette importance à ne pas disposer d'une langue officielle propre. Cette absence d'un véhicule linguistique commun à l'Afrique noire constitue, par rapport à d'autres espaces géographiques, une faiblesse majeure dans la construction identitaire.

3 L'éducation

Dans cet ensemble que constitue la culture, l'éducation (au sens large) n'est qu'une « fonction » [20] qui pour Pierre Erny présente trois aspects. Elle est transmission du patrimoine culturel d'une génération à l'autre perpétuant ainsi la civilisation d'une société. « L'éducation, *écrit-il*, apparaît en quelque sorte comme la culture elle-même se transmettant, se perpétuant, s'actualisant dans une nouvelle génération, mettant tout en œuvre, son organisation, ses ressources, son génie, pour assurer sa pérennité. Grâce à elle, les enfants qui grandissent deviennent des porteurs, des représentants, puis des instruments et des médiateurs de cette culture » [21].

Après la nuit coloniale, il a fallu faire retrouver à l'homme noir sa dignité et revaloriser sa culture.

La négritude a été le courant littéraire et politique animé par Aimé Césaire, Léopold Sédar Senghor, Léon Gontran Damas et bien d'autres intellectuels qui contribua, à partir de l'entre-deux-guerres, à cette revendication fondamentale.

Aimé Césaire qui, selon Senghor, forgea le mot [22] en avait donné cette définition : « La Négritude est la simple reconnaissance du fait d'être noir, et l'acceptation de ce fait, de notre destin de noir, de notre histoire et de notre culture ».

Après les indépendances, cette valorisation a été poursuivie à travers discours, conférences, ouvrages, festivals [23].

Aujourd'hui, le capital culturel de l'Africain n'est plus contesté ; il concerne divers domaines : la musique, la danse, la sculpture, la littérature et comporte des valeurs orientées vers le relationnel, la cohésion sociale [24].

D'après Pierre Erny, l'éducation est également, d'un point de vue statique, l'héritage, l'équipement que l'individu reçoit pour pouvoir s'intégrer dans sa communauté.

Le nom, la langue traduisent ou devraient traduire cette intégration. Il en est de même de l'histoire de l'Afrique noire et plus largement du monde noir.

Enfin, l'éducation est un facteur de changement social ; « l'école, écrit cet auteur, prend partout le visage d'un accélérateur d'évolution, d'un puissant facteur de transformation socioculturelle » [25].

« L'éducation, écrit pour sa part Nelson Mandela, est le grand moteur du développement personnel » [26].

Dans l'espace francophone, une question se pose. Dans l'État postcolonial, l'éducation a-t-elle été organisée à l'aune de la culture du développement et surtout du développement endogène ? Le recentrage s'impose d'autant plus que, s'agissant particulièrement de l'enseignement colonial, il était axé sur une formation générale et qu'aujourd'hui la tendance doit être inversée et qu'il faut prendre en compte les besoins de cet État.

Comme l'écrit Tidiane Diakite, « aucun système d'enseignement n'est neutre, aucun système éducatif n'est neutre, tout système d'enseignement et d'éducation sous-tend une idéologie » [27].

Le système éducatif doit être conçu en considération de plusieurs orientations :

- la promotion et l'intégration des langues nationales ; selon les études réalisées par l'UNESCO, le meilleur moyen de transmission des connaissances est la langue maternelle de l'enfant ;

- la valorisation de la culture africaine, notamment l'histoire, la linguistique, la littérature ;
- la mise en place de dispositions tendant, à tous les niveaux, à une éducation de qualité, notamment :

* celles devant permettre aux apprenants de réunir les conditions physiques et sécuritaires propres au déroulement de la scolarité. Aux niveaux secondaire et supérieur, ils doivent avoir subi une préparation appropriée les rendant aptes à suivre les études envisagées ;

* l'aménagement à leur profit de structures adéquates et l'organisation des cycles et filières d'enseignement en fonction des besoins endogènes. Une plus grande place doit être réservée aux matières scientifiques et techniques. Une adéquation doit être envisagée avec le maximum d'effet entre enseignement et activité professionnelle afin que l'école réalise une ouverture vers le monde du travail ;

* la valorisation de la fonction d'enseignant à tous les niveaux du système éducatif au regard des conditions de vie et de travail ;

* les enseignants et les apprenants doivent disposer de bibliothèques convenablement dotées d'ouvrages et de périodiques ;

- la réunion de leurs moyens par les États, en particulier ceux d'une Communauté économique régionale (CER), en vue de la mise en place et du fonctionnement d'établissements dans des secteurs de pointe (mines, chimie, énergies nouvelles, etc.).

Après les indépendances, la micro-souveraineté avait conduit chaque État à vouloir disposer de ses propres centres d'enseignement à tous les niveaux mais plusieurs de ces États n'ont pas toujours été en mesure de les faire fonctionner de manière adéquate. Certes, des efforts de concertation ont permis la création d'établissements communs (écoles inter-Etats) dans certaines filières de formation. Aujourd'hui, telle devrait être la tendance dominante ; ce qui sous-tend que les contributions financières des États concernés soient régulièrement versées.

4 L'intégration

L'Africain présente la particularité de faire partie, en principe, d'une famille (au sens large), des entités sociologiques que sont le clan, la tribu et l'ethnie ainsi que d'un État.

Ce dernier sera abordé plus loin [28].

Des questions se posent à propos de ces entités. Quelle est leur vitalité et leur rôle ? Quel est leur impact sur la formation de la personnalité de leurs membres ?

La famille (au sens large) est certainement pour l'étranger la caractéristique la plus perceptible de l'Africain qui ne s'en est pas détaché, en particulier en milieu urbain. En effet, dans la culture africaine, la famille nucléaire n'existe pas, ni les termes de cousins et de cousines. Les oncles paternels et maternels sont des pères ; les noms des seconds, dans certaines ethnies du Gabon, sont même précédés non pas de « ta », abréviation de tata (père) mais de son féminin « ma », abréviation de mama (mère). Leurs fils et filles ainsi que ceux des tantes sont des frères et des sœurs. On n'y connaît pas de demi-frères ou de demi-sœurs.

La famille ainsi largement entendue peut présenter l'avantage de pouvoir apporter à ses membres, selon les circonstances, encadrement, soutien, réconfort, surtout aux personnes âgées ou dans le besoin, de leur permettre une organisation solidaire de certaines manifestations (naissance, en particulier de jumeaux, mariage, initiation, retrait de deuil, etc.), l'affrontement également solidaire d'épreuves (catastrophes naturelles, décès, etc.).

Sans être absente de la ville malgré l'avancée plus ou moins importante de l'individualisme, elle cadre mieux avec la vie communautaire en milieu rural.

Le clan est une communauté d'individus liés par leur descendance unilinéaire d'une femme-ancêtre commune qui peut être mythique. La famille s'y rattache. Composante, en nombre variable, de l'ethnie, les clans de celle-ci en indique l'espace d'implantation.

Dans le droit traditionnel encore vivace en milieu rural, la terre lui appartenait ; dans certaines ethnies, les cimetières également.

Encore aujourd'hui, il constitue une référence identitaire évoquée particulièrement lors de certaines circonstances, notamment :

- les relations interpersonnelles ; la parenté de clan existe entre des individus appartenant à des ethnies différentes grâce à la correspondance de leur totem ou de leur interdit ou de leur(s) symbole(s) [29] ;
- le mariage traditionnel ; le clan de chaque orateur et celui des futurs époux est précisé au début des pourparlers ; si cette indication identitaire révèle une parenté entre la future mariée et le prétendant, ce dernier auquel est imputée la transgression du lien de parenté doit payer une amende ;
- l'information nécrologique ; le clan est, avec le nom et la référence familiale, l'élément d'identification de la personne décédée et de diffusion de cette nouvelle auprès des congénères vivants.

La tribu regroupe des clans ou des familles, parfois sous l'autorité d'un chef. L'ethnie est une communauté établie sur un territoire déterminé et constituée d'individus liés par des particularités culturelles dont la langue.

Contrairement à un discours souvent entendu, c'est elle qui est la matrice du patrimoine culturel prêtée à une nation qui n'existe pas encore.

Parce que plus inclusive et surtout plus « exploitée » au sein de l'État-nation, l'ethnie mérite une attention conséquente.

Partout, elle est officiellement illégitime. Une vision soi-disant eurocentriste conduit de nombreux gouvernants africains à prétendre construire un État-nation ; dans le discours officiel, ce dernier est posé comme un postulat car l'on redoute que l'ethnie ne soit une force centrifuge susceptible de nuire à la cohésion sociale.

Malgré cette position officielle, diverses manifestations témoignent de son poids dans les champs politique et administratif.

Dans l'administration civile ou militaire, certains recrutements et certaines nominations sont fonction de l'appartenance ethnique du candidat ou de l'agent. Il en est de même de la constitution de certains corps des forces de sécurité, surtout celles chargées de la protection du chef de l'État.

Réalité sociologique, l'ethnie fait écran entre le citoyen et l'État. Le professeur Pambou Tchivounda observe : « c'est par le relais de la tribu (*on pourrait aussi bien écrire l'ethnie*) que s'effectue le contact entre l'État et les masses » [30].

L'ethnie (comme les deux autres communautés) peut être à l'origine d'un esprit partisan tendant à occulter ou, à tout le moins, à atténuer des principes comme l'égalité des citoyens ou la neutralité du service public.

D'une manière générale, en matière électorale, en particulier dans le processus de désignation des organes des collectivités décentralisées, la prise en compte de l'ethnie a pour conséquence d'altérer trois notions, celle de représentation et celles de citoyen et de résident.
Dans le système représentatif classique, le candidat, libre de se présenter devant les électeurs est, s'il est élu, le mandataire du peuple. Lorsque le candidat est « extrait » d'une communauté ethnique puis soumis au suffrage des électeurs, l'appartenance ethnique entre en ligne de compte. Les membres de la communauté sont invités à l'élire.

S'il est élu, il se trouve investi d'un double mandat, celui de sa communauté ethnique et celui de la communauté humaine plus large appelée peuple.

Entre les deux, la première représentation aura tendance à être privilégiée car c'est par rapport à elle que la candidature a été posée, acceptée et pourrait être renouvelée.

Parce que l'ethnie est localement « située », on peut penser que sa représentation l'est également. Mais, comme les gouvernants africains, dans les faits, l'ont « projetée » vers l'appareil central de l'État, sa représentation est, en outre, assurée à ce niveau ; non seulement par le biais des parlementaires investis d'un double mandat, mais également par celui des membres du gouvernement parfois, sinon souvent, nommés en considération de cette donnée sociologique.

Au sein de la collectivité décentralisée, la représentation de l'ethnie est inévitable. Le choix du candidat le manifeste. Dans un tel contexte, le parachutage est inconvenant.

Au Gabon, la loi n°14 du 2 juin 1980, en faisant référence à la « géopolitique » n'utilisait qu'un euphémisme en vue de la prise en compte de l'ethnie. Son article 14 disposait : « dans un souci de représentation géopolitique et par dérogation aux articles 15 et 35 de la loi n° 7 du 31 octobre 1979 [31], les présidents et vice-présidents des assemblées provinciales et départementales peuvent être nommés par décret au sein ou *en dehors* de ces assemblées.

« Il en est de même en ce qui concerne la nomination des maires et adjoints, à l'exception des maires et adjoints de la commune de Libreville ».

Dans les collectivités hétéro-ethniques, la prise en compte de l'ethnie s'effectue grâce à la règle de la proportionnalité ; le nombre de représentants de chaque ethnie est déterminé au prorata de sa population.

Dans certains pays (par exemple le Gabon), existe une distinction de fait entre originaires (population originaire) et non originaires appelés dans le langage courant « flottants » (population « flottante »). Constituent la catégorie des originaires, les citoyens d'une collectivité décentralisée appartenant à l'ethnie ou à l'une des ethnies dont l'implantation dans cette collectivité est antérieure à l'immigration de ressortissants d'autres ethnies. Dans un souci de cohésion sociale, la tendance est de laisser à l'un de leurs ressortissants la préséance dans la gestion de la collectivité considérée.

Par ailleurs, l'ethnie présente la particularité de servir éventuellement de terreau au clientélisme et à l'assistance.

Chacune de ces entités sociologiques permet de « situer » l'Africain, l'ethnie, la communauté la plus large et aussi la plus inclusive, contribuant davantage à son identification.

Notes

[1] Dans cet ouvrage, il ne sera pas fait état de l'identité numérique.

[2] P.K. Fokam, *Et si l'Afrique se réveillait?* Les Éditions du Jaguar, Paris, 2000, p. 20.

[3] Voir, deuxième partie, chapitre III.

[4] A. Tiérou, *Le nom africain ou langage des traditions*, G.P. Maisonneuve et Larose, Paris, 1977, pp. 25 et s.

[5] J-P Lebeuf, « *Le nom chez les Fali* », *Journal de la Société des Africanistes*, T IX, fasc. II, 1939, p. 104.

[6] A. Tiérou, op. cit., pp. 20 et 21.

[7] A. Tévoédjrè, *Le bonheur de servir*, Archipel, Paris, 2009, p. 54.

[8] E. Assi Assepo, « *Le changement de nom en droit positif ivoirien* », *Penant,* n° 852, 2005, p. 359.

[9] Idem, p. 361.

[10] B. Holas, « *Remarques sur la valeur sociologique du nom dans les sociétés traditionnelles de l'Ouest africain* », *Journal de la Société des Africanistes*, T XXIII, fasc. I et II, 1953, p. 82.

[11] I. Nguéma, *Le nom dans la tradition et la législation gabonaise (Essai de droit coutumier ntumu)* thèse pour le doctorat d'Etat, Paris, 1969, p. 299 et s.

[12] L'ethnie ntumu est répartie entre le Cameroun et le Gabon.

[13] I. Nguéma, op. cit., p. 304.
[14] Par exemple chez les Ouêhi ou Guéré, voir A. Tiérou, op. cit. p. 90. Cet auteur mentionne (pages 90 et s.) plusieurs noms susceptibles d'être donnés dans la société Ouêhie ayant des significations variables en fonction du caractère dominant retenu ; outre la fonction religieuse, la relation avec Dieu et l'ésotérisme, il signale comme facteur à l'origine du nom : le règne minéral (donnant par exemple les noms Caillou, Rocher), le règne végétal (avec les noms Bambou, Arbre), le règne animal (par exemple avec ceux de Panthère, Tortue), le corps de l'homme (avec ceux de Doigt, Langue), ses professions (avec ceux de Forgeron, Chasseur), etc.
[15] Idem, p. 98.
[16] I. Nguéma, op. cit., p. 292.
[17] J. Ki-Zerbo, cité par P-F. Gonidec, *Les systèmes politiques africains*, 2ème partie, LGDJ, Paris, 1974, p. 244.
[18] Sous la direction de Bernd Heine et Derek Nurse, *Les langues africaines,* Karthala, Paris, 2004, p. 9.
[19] Voir en annexe, les langues officielles des États d'Afrique noire.
[20] P. Erny, *L'enfant et son milieu en Afrique noire*, L'Harmattan, Paris, 1987, p.15.
[21] Idem, p. 16.
[22] *Colloque sur la Négritude*, Présence africaine, Paris, 1972, p. 14.
[23] Le premier festival mondial des arts nègres eut lieu à Dakar en 1966, le second à Lagos en 1977 et le troisième à Dakar en 2010.
[24] Voir A.C. Robert, *L'Afrique au secours de l'Occident*, Les Éditions de l'Atelier/Les Éditions Ouvrières, Paris, 2006, p. 133; J. Ki Zerbo, (sous la direction de), *La natte des autres-Pour un développement endogène en Afrique*, CODESRIA, Dakar - Karthala, Paris, 1992, pp. 96-97 ; P.

Merlin, *Espoir pour l'Afrique noire*, Présence africaine, Paris, 1991, p. 16.

[25] P. E. Erny, op. cit., p. 16.

[26] N. Mandela, *Un long chemin vers la liberté*, Le Livre de Poche, Fayard, Paris, 1994, p. 203.

[27] T. Diakite, *L'Afrique malade d'elle-même*, Karthala, Paris, 1986, p. 107.

[28] Voir deuxième partie, l'Etat.

[29] Lire par exemple Essone Ndong, « *Les équivalences claniques pour une reconstitution identitaire* », *L'Union* (Libreville) n° 11188 du jeudi 21 mars 2013, p. 17.

[30] G. Pambou Tchivounda, *Essai sur l'État africain postcolonial*, LGDJ, Paris, 1982, p. 37.

[31] La loi n° 7 du 31 octobre 1979 instituant les assemblées dans les départements et provinces prévoyait l'élection des présidents de ces assemblées.

Première partie

Recherches sur la personnalité de l'Africain

La notion de personnalité est au centre de la préoccupation fondamentale que sous-tendent les développements de cette partie de l'ouvrage, et également, de manière médiate, ceux relatifs à la seconde partie : celle de voir l'Africain répondre aux qualités, conditions, exigences, normes que requièrent, sinon imposent, selon le cas, son ancrage et son rôle au sein de la société, la prise en main de son destin, l'utilisation, l'exploitation, le renforcement permanent de ses capacités afin de prendre en charge la solution de ses problèmes.

Le « substrat » à explorer, analyser afin de comprendre sa propension aux faits et actes inhibiteurs du développement est, en effet, sa personnalité.

Selon le professeur Nuttin, ce dernier terme désigne en psychologie « une construction scientifique élaborée par le psychologue en vue de se faire une idée au niveau de la théorie scientifique de la manière d'être et de fonctionner qui caractérise l'organisme psychophysiologique que l'on appelle personne humaine » [1]. Il ajoute : « La reconstruction théorique se fait à partir des comportements observés, des dispositions ou traits inférés et des relations constatées, de manière à aboutir à un ensemble fonctionnel qui rende compte des différents phénomènes caractérisant la personne humaine » [2].

Cette dernière se caractérise par des traits physiques et des comportements. Seuls ces derniers nous intéressent. Ils sont très variables en fonction notamment des situations rencontrées par la personne, situations elles-mêmes changeantes.

S'agissant des comportements inhibiteurs du développement, ce qui importe c'est de pouvoir non seulement les identifier mais aussi situer leur(s) origine(s).

Une première indication est donnée par le milieu social, lui-même en rapport avec le legs des générations précédentes, des circonstances vécues, des influences reçues.

Il convient donc d'observer l'Africain au sein de ce milieu, seul, ainsi que dans ses rapports avec les autres hommes.

Sa disposition à agir sur ce milieu et l'orientation de son action constituent des indications utiles ; cette disposition doit être examinée dans le passé ainsi qu'aujourd'hui.

L'observation, l'analyse des actions entreprises, à l'inverse l'inaction constatée face à des situations ou des besoins, conduisent à orienter la réflexion vers trois directions : l'insuffisance d'autonomie (chapitre I), l'ego (chapitre II) et les prémices de l'action (chapitre III).

Notes

[1] J. Nuttin, *La structure de la personnalité*, PUF, 5ème édition, Paris 1980, p. 20.

[2] Idem, p. 21.

Chapitre premier

L'insuffisance d'autonomie

« Si nous nous couchons, nous sommes morts » [1].

Joseph Ki Zerbo

« Le plus grand problème de l'Afrique est le manque de confiance en elle. Nous Africains, avons toujours tendance, face à un problème, au lieu d'utiliser notre créativité, notre ingéniosité, à chercher des solutions extérieures à l'Afrique. […] Il faut en finir avec l' « afro-pessimisme », redonner confiance à tous les Noirs [...] Nous n'avons rien à envier aux autres » [2].

Cheik Modibo Diarra

Dans ce chapitre sont abordées des questions caractérisées par la relativité au regard des personnes, des situations et des pays d'une part, par leur complexité d'autre part.

Le thème évoqué est la forte tendance chez nombre d'Africains à l'insuffisance d'autonomie.

Cette tendance se manifeste dans un contexte différent au sein de la société précoloniale et dans l'État postcolonial.

1 Au sein de la société précoloniale

Dans cette dernière, quatre facteurs concourent à limiter l'autonomie de l'homme : la religion, la stratification de la société, l'absence d'écriture et le rapport avec la nature.

L'une des manifestations de l'unité culturelle des sociétés d'Afrique noire est la croyance en un Être suprême, immanent. L'architecture de l'univers qu'il a élaborée comprend, en outre, des divinités secondaires, l'homme, les autres êtres vivants et non-vivants.

Dans cette architecture, « [...] l'homme, créé par Dieu n'est pas libre, *écrit Edem Kodjo*, son destin étant sous l'influence permanente des dieux et des forces » [3].

La société doit être organisée de telle manière que les hommes puissent vivre en harmonie avec ces dieux ainsi qu'avec ces forces surnaturelles.

Dans cette société, la pratique de la religion, à travers le rôle d'intermédiaire dévolu au chef de famille, contribue à enserrer l'homme au sein d'une communauté où existe une chaîne entre les vivants et les morts et qui conduit à l'Être suprême.

La communauté (la famille [au sens large], le clan, l'ethnie) est régie par un certain nombre de règles qui caractérisent la vie sociale et qui s'expliquent par une certaine vision de l'homme et de la vie, par exemple l'égalité de principe entre les hommes, créatures de Dieu, l'entraide, la solidarité, l'absence d'appropriation privée du sol.

Dans ces entités sociologiques, il convient néanmoins de tenir compte du rang hiérarchique occupé en leur sein (par exemple l'âge avec les classes d'âge, la règle de la primogéniture) ou des strates correspondant au pouvoir exercé.

Dans les sociétés organisées en castes existent des barrières professionnelles inconciliables avec l'autonomie individuelle. De la naissance découle l'orientation professionnelle pour les uns, pour les autres l'exclusion de telle ou telle profession.

L'absence d'écriture a constitué un autre handicap pour l'homme se trouvant dans l'impossibilité de s'identifier à titre personnel.

Enfin, le respect de la vie et de la nature a contribué, lui aussi, à l'insuffisance d'autonomie de l'homme.

Edem Kodjo écrit à ce sujet : « la pensée africaine traditionnelle, au travers de sa cosmogonie, de sa conception de la vie et de l'homme, a produit une civilisation du juste milieu où prédominent, d'une part, l'instinct solidaire de l'homme avec autrui, et d'autre part, le penchant « intégrant » de l'individu pour la nature » [4].

Une telle conception de la vie et du rapport avec la nature n'est pas d'emblée propice à la recherche de bouleversements dans l'ordre social.

Certes, des activités sont exercées, activités agricoles, artisanales, manufacturières, qui ont exigé, à un moment donné, la conception d'outils de travail. Mais, selon les communautés, des rituels les accompagnent :

- pour les activités agricoles par exemple, des sacrifices rituels sont offerts à la terre en signe de remerciement pour la nourriture qu'elle procure ou en signe de pardon pour la blessure qui lui est faite par la houe ;

- pour les activités artisanales, particulièrement s'agissant des forgerons, d'une part la fabrication de leurs outils de travail est parfois confiée à une caste spéciale, d'autre part, le travail lui-même est accompli selon des rites spécifiques [5].

Tous ces facteurs cumulés ont davantage contribué à « enlacer » l'homme qu'ils ne lui ont permis d'y imprimer son empreinte.

2 Au sein de l'État postcolonial

La croyance religieuse traditionnelle continue à coexister avec les religions importées mais son poids est moins lourd qu'autrefois ; l'ésotérisme, lui, n'a pas disparu. On note moins d'emprise de la communauté sur l'homme, la dilution de l'autorité du chef de famille (au sens large) ; en revanche, la montée de l'individualisme surtout dans les centres urbains et corrélativement le recul de certaines valeurs d'antan comme la solidarité et l'hospitalité.

La constitution dont s'est doté l'État postcolonial reconnaît des droits politiques, économiques et sociaux à l'homme ; le problème, parfois, est celui de leur respect.

Ainsi, l'homme y a davantage de libertés qu'auparavant. Mais, paradoxalement, dans un monde largement ouvert, en particulier grâce à des moyens de communication sans précédent, il peut voir son autonomie réduite.

Le professeur Ki Zerbo observe : « partout dans le monde, le but de l'école est de socialiser les enfants ; mais aujourd'hui, l'école et la télévision captivent et capturent comme au lasso les enfants africains pour les arracher à leur société et à leur culture » [6].

Les adultes eux aussi peuvent être confrontés aux différents complexes engendrés par l'insuffisance d'autonomie dans le monde d'aujourd'hui ; ces complexes suscitent des conséquences dommageables au processus de développement.

Le terme complexe désigne un « système de représentations à forte charge affective se développant en marge de la conscience claire et parvenant à la dominer » [7]. Les complexes sont présentés comme « des segments de conduite », des microsystèmes comprenant des tendances, des penchants, des motivations, des pulsions structurées par une charge émotionnelle et affective de façon confuse [8]. Selon leur degré d'importance, ils exercent une influence plus ou moins grande sur la personnalité ou usurpent les fonctions vives de celle-ci allant, notamment en cas de cumul ou dans les formes graves, jusqu'à créer une dysharmonie, signe d'une pathologie de la personnalité.

Naturellement, on les trouve chez d'autres peuples. Ce qu'il convient de retenir, c'est la dominance ou la fréquence de certains d'entre eux, au point d'être à l'origine de traits culturels largement répandus ou d'influer fortement sur eux.

Nous distinguerons : complexes d'infériorité et extraversion, mimétisme et jalousie et les syndromes de dépendance.

2 1 Complexe d'infériorité et extraversion

A l'égard du monde extérieur, le complexe d'infériorité, parfois couplé avec le complexe de supériorité (physique par exemple), prend place parmi les complexes qui constituent le socle de la personnalité de l'Africain
si « poreuse aux influences venues d'ailleurs » [9]. Nourri par la politique culturelle de la colonisation, ce complexe

n'a pas été contré par les expériences politiques, culturelles et économiques de la période postcoloniale.

C'est sans doute lui qui, enraciné dans le subconscient, explique ce trait culturel très répandu qu'est l'extraversion, entendue comme la propension à calquer son comportement sur celui des étrangers, des Occidentaux en particulier, à chercher une solution exogène aux problèmes rencontrés, à solliciter l'assistance de l'extérieur.

L'extraversion n'est pas l'apanage du citoyen. On la rencontre aussi – ce qui est plus grave – chez des gouvernants dont la propension est de s'en remettre à l'extérieur au lieu de chercher à se donner des moyens d'action propres, en particulier par une formation appropriée des compatriotes.

Ainsi, dans le chapitre intitulé « Tapis rouge pour le continent noir », Serge Michel et Michel Beuret rapportent le souhait que le chef d'État d'un grand pays africain émet en 2006 à l'adresse de son homologue chinois, celui d'être de la partie lorsque les Chinois iront sur la lune [10].

L'extraversion est perverse. Chez le gouvernant, elle conduit à l'abstention, au refus de rechercher une solution endogène qui suppose effort de réflexion, réunion de moyens financiers, matériels, humains appropriés, travail sans relâche, remise en cause si besoin du statu quo, inévitables préludes à la réussite.

Pour les citoyens, elle leur épargne l'affrontement politique, syndical, la pression sur leurs gouvernants, par exemple, pour un système éducatif fiable, pour l'implantation d'unités de production, etc.

2 2 Mimétisme et jalousie

Adolfo Fernandez-Zoïla écrit : « mimétismes d'imitation et mimétisme de rivalité s'entrelacent dans les conduites interpersonnelles » [11] ; il ajoute « la jalousie est la rivalité la plus habituelle » [12].

Mimétisme et jalousie, sans lui être évidemment spécifiques, occupent une place importante dans la conduite de l'Africain et dans ses relations avec ses congénères, au lieu de l'émulation, de la compétitivité, de la volonté de surpasser l'autre.

Daniel Etounga Manguelle qualifie les sociétés africaines de « sociétés cannibales » et les compare à des équipes de football au sein desquelles chaque joueur s'interdit de passer la balle à un autre de peur de le voir marquer un but, se plaçant ainsi au-dessus de ses coéquipiers [13].

De fait, l'égalité entre les individus y est posée comme une situation immuable. Quel que soit le domaine, scolaire, professionnel, sportif, politique, la rupture de l'égalité n'est pas facilement acceptée et celui qui prend l'initiative de la rupture ou en est simplement le bénéficiaire tend à devenir, malgré lui, un adversaire. Nous écrivons simplement bénéficiaire car il peut ne pas avoir contribué à la rupture de l'égalité.

Au sentiment de jalousie s'ajoutent diverses attitudes. Deux méritent d'être signalées : le goût du secret et la mise hors d'état de prospérer de celui qui a rompu l'égalité ou pourrait la rompre.

Dans la conception traditionnelle, le secret est destiné à tenir caché ce qui assure force, sécurité, supériorité ou ce qui ne doit pas être porté à la connaissance du non-initié.

Or, il nuit à la transmission et à la diffusion du savoir.

De même est dommageable pour la société la mise à l'écart ou hors d'état de prospérer de la personne présentant des aptitudes intellectuelles ou professionnelles supérieures.

Ainsi, au lieu de chercher à valoriser les potentialités de son congénère, l'Africain a tendance à chercher plutôt à les inhiber et même à l'éliminer physiquement.

Par ailleurs, il arrive que le comportement de l'Africain, son action, soient déterminés par l'ostentation, le complexe de supériorité. Ces sentiments sont tellement dominants que se trouvent alors occultées des considérations telles que le rapport prix/rentabilité, le coût de l'entretien, l'adaptation au milieu considéré, etc.

Mamadou Lamine Diallo évoque ce qu'il appelle la « compétition négative qui consiste à se préoccuper des autres, de ce qu'ils ont, de ce qu'ils consomment, non pas par souci de les voir progresser, mais plutôt par crainte de voir si les rapports entretenus n'ont pas changé » [14].

On retiendra de tout ceci une conduite non pas autonome mais dominée par la relation avec autrui, tantôt pour ne pas voir rompre l'égalité avec lui, tantôt, au contraire, afin de la rompre. Ce qui peut entraîner la contre-réaction, le refus de voir rompre cette égalité. Mamadou Lamine Diallo qualifie ainsi ce comportement : « un individualisme radical de refus conscient ou inconscient de toute différence » [15].

Un tel comportement est observé à l'occasion de l'acquisition d'un bien. La voiture, l'exemple choisi par Mamadou Lamine Diallo, est certainement le bien qui, généralement, est caractéristique de ce comportement ainsi que de ceux qui lui sont connexes.

Comme comportement connexe à « la compétition négative », on peut indiquer l'incohérence. Par exemple, les signes extérieurs du train de vie ne sont pas au diapason de la belle voiture :

- l'habitation, en particulier, n'est pas du même standing qu'elle ; le propriétaire de la voiture de luxe se voit suspendre les fournitures d'eau et d'électricité ou/et de téléphone pour défaut de paiement ;
- entre la belle voiture ou la vitesse qu'elle est capable d'atteindre et l'état des voies publiques ou la longueur du circuit de roulement, il y a une dysharmonie évidente.

De tels comportements contribuent à expliquer les blocages endogènes des sociétés africaines :

- l'absence ou l'insuffisance de la transmission et de la diffusion du savoir ;
- le cloisonnement et le repli des élites ;
- la stagnation dans l'irrationnel et la propension à l'incohérence ;
- l'allergie à la méthodologie et à l'effort personnel ;
- le refus de la compétitivité et de la remise en cause permanente ;
- l'affrontement destructeur sous le manteau ou non de la sorcellerie ;
- à défaut de vouloir assumer son destin, l'« abandon » de celui-ci aux forces de la nature, à d'autres personnes de la famille, de la communauté ethnique ou à des personnes ou des entités étrangères.

2 3 Les syndromes de dépendance

Certes, toute généralisation de l'esprit de dépendance est excessive. Il convient de relativiser, notamment au regard des pays et des couches sociales.

Certaines populations ont une tradition d'esprit d'entreprise et de réussite au plan économique et social.

A l'échelon du pays, cet esprit a plus ou moins d'ampleur ; il en est de même de la propension à la dépendance.

Deux syndromes majeurs caractérisent cette dernière : l'assistance et la « la prise en otages » d'une part, la résignation d'autre part.

L'assistance et la « prise en otage »

Le continent africain est une terre d'assistance, il est « gavé d'assistance » [16] ; sans doute, n'en a-t-il pas l'exclusivité.

L'assistance est le fait de venir en aide à quelqu'un, de lui fournir ce dont il manque, en particulier des subsides.

Ce substantif se voit accoler des épithètes afin de situer l'aide dans un domaine ou un secteur donné. Par exemple, l'assistance publique ou aide sociale afin de désigner celle apportée par l'administration en faveur des personnes économiquement faibles ; l'assistance technique celle qui, durant des années, a été destinée aux pays du Tiers Monde en vue de leur développement.

Ici, il s'agit de l'assistance à une personne. Cette assistance doit être examinée sous trois aspects : ses formes, sa cause immédiate et les rapports entre l'assistant et l'assisté.

On peut distinguer deux sortes d'assistance, celle que l'on qualifiera de simple et l'assistance avec escroquerie.

Dans l'assistance simple, l'assisté vise l'obtention d'une prestation ou de subsides. Il y a assistance avec escroquerie lorsque l'assisté, afin de parvenir à ses fins, cherche à tromper l'assistant sur un point : son statut civil (par exemple, en se faisant passer pour un prêtre alors qu'il n'a pas cette qualité) ou son état de santé (il prétend être malade mais l'ordonnance présentée est fausse).

Quelle que soit la forme, plusieurs causes immédiates provoquent la demande d'assistance : la satisfaction d'un besoin, par exemple alimentaire ou sanitaire, l'acquisition d'un bien matériel ou le transfert de l'incidence financière résultant de la responsabilité incombant au demandeur de l'assistance.

Cette dernière forme mérite explication. Le besoin d'assistance financière est motivé par un comportement ou un acte du candidat à l'assistance engendrant des conséquences financières. Tout se passe comme si, en sollicitant l'assistance, il entend transférer l'incidence financière de son acte (par exemple, la grossesse d'une amie, les conséquences d'un accident de voiture, etc.) ou de son comportement à l'assistant.

Dans tous les cas, les différents cercles de relation existant au sein de la société (la famille, la communauté ethnique, le parti politique, etc.) représentent pour le candidat à l'assistance, des champs d'investigation lui permettant de déterminer l'assistant. Il y choisit la ou les personnes financièrement pourvues ou considérées comme telles.

L'assistant peut cumuler plusieurs statuts : autorité morale, notable de la communauté ethnique appelé à dispenser des conseils, à régler les différends inter-familiaux, tuteur social sollicité pour aider les démunis, homme politique jouant un rôle au plan local ou étatique.

Plus sa position sociale sera confortable, plus l'assistant sera financièrement sollicité. A lui de réunir les moyens financiers lui permettant de faire face aux sollicitations.

S'il est membre du gouvernement ou parlementaire, il apparaît même comme un « otage » du fait de son élection.

Si l'élection a été obtenue grâce à l'achat des consciences, l'assisté tend à franchir un palier supplémentaire. Il n'est plus un simple démuni qui s'en remet à l'assistant ; conscient d'avoir contribué à « l'élection » de ce dernier il le considère comme redevable à son égard. L'assistance financière devient un dû. Le corrompu fait savoir que ses « services » ne sont pas ponctuels mais durables, aussi durables que la fonction exercée par l'assistant corrupteur.

La résignation

La résignation est entendue ici comme l'acceptation de son sort, de sa situation sociale, sans intention et sans volonté de modification. Une sorte de déterminisme empêcherait toute évolution de la condition de l'individu et, à travers lui, de la société.

Certaines personnes, y compris des Africains, expliquent l'immobilisme de la communauté noire ou les déboires qu'elle endure par la malédiction. Une telle disposition d'esprit conduit à considérer que quoi qu'il fasse, l'Africain ne peut rien changer à son état de dominé.

De la résignation, trait fondamental de culture de la personnalité désarticulée de nombre d'Africains, ceux-ci passent facilement à l'assistance et s'y agrippent.

Faits individuels, assistance et résignation deviennent des maux de société aux conséquences diverses. La résignation conduit à l'immobilisme des individus et finalement de la société. Syndrome de dépendance, elle entraîne l'extraversion, l'attente du salut de l'extérieur.

Par ailleurs, l'individu résigné, demandeur invétéré d'assistance, peut-il être un citoyen conscient de ses droits et disposé à les faire respecter ?

Il faut en douter. Au contraire, les dirigeants profitent de cette inertie pour consolider leur pouvoir et accumuler des richesses.

En présence d'une telle situation, « comment dès lors s'étonner, s'interroge Pierre Merlin, que l'homme – ou la femme – de la base manque d'ardeur dans sa contribution au développement, de zèle dans son travail ? » [17].

Heureusement, la situation est en train de changer, surtout dans certains pays. On a observé des manifestations contre les délestages en électricité au Sénégal en août 2010 et en juin 2011, à Lambaréné (Gabon), en Guinée (Conakry) en mars 2013, contre la vie chère à Maputo en septembre 2010 [18].

Notes

[1] J. Ki Zerbo, *A quand l'Afrique ?* Éditions de l'Aube, Paris, 2003, p. 129.

[2] Cheik Modibo Diarra, cité par Lilian Thuram, *Mes étoiles noires,* Éditions Philippe Rey, Paris, 2010, p. 343.

[3] E. Kodjo, *Et demain l'Afrique*, Stock, Paris, 1985, p. 74.

[4] Idem, p. 77.

[5] Lire par exemple E. Kodjo, op. cit. p. 78.

[6] J. Ki Zerbo, *La natte des autres*, op. cit. p. 31.

[7] Paul Foulquié, cité par Adolfo Fernandez-Zoïla, *Les complexes*, PUF, « Que sais-je? », n°1673, Paris, 1993, p.3.

[8] Idem, pp. 85 et s.

[9] E. Kodjo, op. cit., p. 173.

[10] S. Michel et M. Beuret, *La Chinafrique-Pékin à la conquête du continent noir,* Éditions Grasset, Paris, 2008, p. 27.
[11] A. Fernandez-Zoïla, op. cit., p. 64.
[12] Idem, p. 68.
[13] D. Etounga Manguelle, op. cit. pp. 74 et s.
[14] M.L. Diallo, *Les Africains sauveront-ils l'Afrique?* Karthala, Paris, 1996, p. 16.
[15] Idem, p. 21.
[16] A. Tévoédjrè, *Le bonheur de servir*, L'Archipel, Paris, 2009, p.190.
[17] P. Merlin, *Espoir pour l'Afrique*, op. cit. p. 413.
[18] Les manifestations contre les régimes de Ben Ali en Tunisie en janvier 2011, d'Hosni Moubarak en Égypte et de Muammar Kadhafi à partir de février 2011 ont entraîné leur chute.

Chapitre II

L'ego

Le mot vient du latin *ego*, moi, et sert de préfixe à former les mots égoïsme et égotisme. L'ego n'est pas spécifique à l'Africain.

Cependant, la valorisation du moi, la satisfaction de l'intérêt personnel occupent une place déterminante dans le comportement ou le positionnement de nombre d'Africains lors des choix qu'ils effectuent, des actions qu'ils entreprennent dans les différents domaines d'activités.

Deux de ces derniers sont sensibles : le domaine économique et le domaine politique.

Dans le domaine économique, l'ego est à l'origine du fléau qu'est la corruption, de choix irrationnels (par exemple l'implantation d'une usine sans tenir compte des coups de transport des produits fabriqués vers les principaux centres de consommation) ou dispendieux.

Dans le domaine politique, surtout associé à l'ethnie, il peut entraîner des conséquences comme la multiplicité des partis politiques, le « vagabondage » politique signe de l'absence d'ancrage idéologique, l'inflation des candidatures, surtout lors d'une élection présidentielle, certains antagonismes qui émaillent la vie politique, la prise du pouvoir par la force, etc.

Il est intéressant d'essayer de circonscrire les principales manifestations de ce comportement.

Auparavant, il convient de faire des observations sur sa portée.

1 La portée

Dans les faits, chez la même personne, la valorisation du moi peut ne pas être un comportement permanent. Cette manifestation va dépendre des possibilités d'endiguement qu'elle rencontre.

A cet égard, l'organisation de la société, le degré d'insertion de la personne dans cette dernière, l'autorité exercée par les différentes structures et institutions sur elle vont jouer un rôle plus ou moins décisif dans l'endiguement.

L'ego a peu de possibilité de se manifester lorsque les relations interpersonnelles sont harmonieuses, que les structures d'insertion (syndicats, associations, clubs sportifs, groupement de tontines, etc.) fonctionnent selon des règles, des normes, poursuivent des objectifs, des intérêts permettant la cohabitation, l'épanouissement, la satisfaction des intérêts des uns et des autres.

L'État est la structure qui, à certains égards, pose problème.

Par l'organisation politique et administrative qui lui est inhérente, il donne à l'ego l'occasion de se manifester.

2 Les principales manifestations

Il est impossible d'énumérer toutes les manifestations imputables à l'ego et nuisibles à l'intérêt général. Nous partirons d'une indication : la propension du particulier à chercher à prendre le dessus sur le collectif ou à en tirer profit.

Quatre principales manifestations sont alors à signaler : « l'appropriation », le sectarisme, le rejet de la règle de droit et les enjeux de pouvoir.

2 1 « L'appropriation »

Le terme est utilisé car certaines situations envisagées se présentent comme s'il s'agissait d'une appropriation.

Le citoyen a tendance à se comporter comme s'il était propriétaire, par exemple :

- du matériel, seulement mis à sa disposition ;
- d'une portion du domaine public, notamment la voie publique, afin d'agrandir sa propre parcelle.

Le phénomène de «l'appropriation» est surtout perceptible à l'occasion de l'exercice d'une fonction administrative ou politique. Lorsque le citoyen accède à une telle fonction, à défaut d'y prendre garde, porté par l'atout du pouvoir, le phénomène acquiert davantage d'ampleur.

Il explique, au moins parfois, la méconnaissance de la continuité de l'État chez certains responsables politiques ou administratifs.

Par exemple, le successeur à une fonction administrative abandonne un projet initié par son prédécesseur ; un projet de loi ou un texte administratif sera remplacé non parce qu'il n'est pas satisfaisant mais parce que le nouveau responsable entend, par l'adoption d'un autre texte, imprimer « son » empreinte personnelle.

De même, à défaut de contrôles et de contre-pouvoirs, l'autocrate ne connaît pas de limites à sa prétention à « l'appropriation ». Le stade connexe est la « patrimonialisation » [1].

2 2 Le sectarisme

La science politique ou administrative cible diverses situations, divers comportements caractérisés par le suffixe « isme » : népotisme, favoritisme, clientélisme, etc. Nous préférons utiliser le terme sectarisme pour désigner globalement la propension du responsable politique ou administratif à privilégier ses opinions, à avantager certains citoyens ou administrés, une ville, une région, bref à manquer d'objectivité, d'impartialité.

Les principaux terreaux du sectarisme sont l'affiliation politique, l'appartenance ethnique ou régionale.

Il convient de préciser qu'ethnie et région (la terminologie des circonscriptions administratives est variable selon les pays) ne coïncident pas toujours et qu'il importe d'appréhender séparément ces deux réalités sociales.

Le sectarisme peut se manifester au sein de l'activité politique ou administrative, de même dans le domaine économique.

Pour le citoyen ou le simple agent public, la manifestation concernera en particulier une prestation. Pour une autorité, l'éventail des manifestations est plus varié, davantage au sommet de l'État : recrutements, nominations, promotions aux fonctions ou grades, investissements, réalisations d'infrastructures, etc.

Il est arrivé ou il arrive même que le sectarisme soit « légalisé ».

Au Cameroun, au nom d'une politique « d'équilibre régional », l'ordonnance n° 59/70 du 27 novembre 1959 [2] portant statut général des fonctionnaires prévoyait un système d'admission aux emplois publics des originaires des régions insuffisamment scolarisées. L'arrêté n° 1504 du 30 août 1961 [2] pris à sa suite, détermina les départements rangés sous cette catégorie. Le ministre de la fonction publique fut alors chargé de fixer le pourcentage des places réservées aux candidats de chaque province [3].

Au Gabon, le statut général des fonctionnaires du 16 juin 1967 [4] comportait un article 21, alinéa 4, ainsi libellé : « en vertu de son pouvoir discrétionnaire, le président de la République peut déroger aux règles édictées par le présent statut ».

Pour la première fois, cette disposition consacrait une acception du pouvoir discrétionnaire qui se déduisait jusque-là de la pratique administrative ; le pouvoir discrétionnaire était perçu comme un pouvoir « souverain », lié à la fonction présidentielle et affranchissant, selon sa convenance, le chef de l'exécutif du respect des règles de droit.

Depuis ce statut général de 1967 jusqu'à celui du 8 juin 1981 [5], des mesures discriminatoires ont été fondées sur le pouvoir « discrétionnaire » du président de la République.

Or, normalement, dans l'exercice du pouvoir discrétionnaire, l'autorité administrative demeure soumise à un minimum de légalité. Marie-José Guédon souligne qu'« il n'existe pas d'actes entièrement discrétionnaires, indépendamment même du respect obligatoire de l'ordonnancement juridique général » [6].

Au lieu d'exercer une compétence liée, le président de la République gabonaise s'est vu reconnaître un pouvoir dérogatoire aux dispositions concernant le recrutement ou l'avancement des fonctionnaires.

Une première réforme apportée par le statut général des fonctionnaires du 4 juin 1977 [7] avait limité ce pouvoir dérogatoire aux fonctionnaires de la catégorie A ayant une ancienneté de dix ans en ce qui concerne seulement les mesures d'intégration, de promotion et de nomination. Ces dispositions ont été reprises dans l'article 21 du statut général des fonctionnaires du 8 juin 1981.

Dans le statut général des fonctionnaires du 26 septembre 1991 [8] (article 23), les mesures dérogatoires demeurent mais ne sont plus fondées sur le pouvoir « discrétionnaire » du président de la République.

Le statut général des fonctionnaires issu de la loi n°1/2005 du 4 février 2005 [9] (article 133), utilise, à juste titre, l'expression de pouvoir dérogatoire [10].

Une nouvelle fois, il se trouve circonscrit : son recours est exceptionnel ; il faut : en cas de nécessité, un intérêt supérieur, une concertation avec le premier ministre, un avis du ministre utilisateur ainsi que celui de la fonction publique. Dans le contexte politique gabonais ces conditions sont théoriques.

2 3 Le rejet du droit

Le terme rejet est préféré afin de marquer l'intention délibérée de ne pas appliquer la règle de droit.

Chaque citoyen, chaque responsable public ou privé ou chaque gouvernant ne manifeste pas toujours un tel comportement. Il s'agit d'une inclination possible, celle-ci ayant tendance à être plus forte à mesure que l'auteur du rejet détient davantage de pouvoirs ou que l'enjeu ou les enjeux sont plus importants, par exemple politiques (élections) ou financiers (gain d'argent, perception d'une commission).

Dans la pratique, le rejet du droit n'est pas forcément permanent ; il est plutôt intermittent. En effet, le même citoyen, le même responsable public ou privé, le même gouvernant, selon son intérêt ou celui d'un proche, peut tantôt se conformer à la règle de droit, tantôt s'en affranchir.

Le gouvernant pourra faire montre de laxisme vis-à-vis de la mise en œuvre de la sanction ; par exemple parce que l'auteur de la faute est un proche, un partisan ou un électeur.

Le droit n'est pas seul à être immolé sur l'autel des intérêts d'un individu ou d'un groupe d'individus. Il en est de même des normes, des règles parfois non écrites qui, notamment pour une raison d'efficacité, de performance, régissent certaines structures, des organisations, des équipes sportives.

2 4 Les enjeux de pouvoir

Les comportements générés par l'ego sont liés chez le gouvernant, particulièrement le chef de l'État, à des enjeux de pouvoir. Ils cessent d'être des signes de faiblesse tenant parfois à l'éducation pour être des leviers à la disposition du pouvoir politico-administratif. On peut distinguer quatre enjeux de pouvoir : la démocratie dévoyée et la confiscation du pouvoir, le sous-développement du pays gouverné et la stratification de la société.

La démocratie dévoyée et la confiscation du pouvoir

Sous le monopartisme, les dirigeants prétendaient avoir instauré une démocratie à l'africaine.

Le mouvement de démocratisation qui gagne les pays africains à partir de 1990 constitue un démenti de cette allégation. Que ce mouvement ait emprunté ou non la voie de la conférence nationale, on distingue désormais deux catégories de pays africains, ceux où le multipartisme a débouché sur l'alternance au pouvoir qui est un élément fondamental de la démocratie (dans l'espace francophone le Bénin, le Niger et le Sénégal) [11], et ceux où la démocratie est dévoyée ; elle n'y présente pas tous les éléments caractéristiques du système démocratique de gouvernement.

Ce système, pour exister réellement, comporte plusieurs éléments :

- la représentation du peuple souverain, autrement dit la désignation, lors d'élections libres et

transparentes, des organes de direction, le président de la République, les députés ;
- le multipartisme ;
- l'alternance au pouvoir ;
- l'organisation de la responsabilité de l'exécutif.

Dans l'espace francophone, plusieurs pays appartiennent à la seconde catégorie. Comme auparavant sous le monopartisme, les institutions sont organisées et fonctionnent de manière à maintenir au pouvoir les autocrates en place ou ceux qui leur ont succédé parfois par la force, du moins dans un premier temps (Congo-Brazzaville, République Centrafricaine, Tchad).

Traitant des « stratégies de restauration autoritaire que les détenteurs du pouvoir surent généralement poursuivre avec un mélange madré d'habileté et de brutalité » [12], Jean-François Bayart indique comme atouts en leur faveur :

- « le contrôle des forces de sécurité » [12] ; souvent, pour ne pas dire toujours, ces forces furent constituées autour d'un socle ethnique ; vis-à-vis des autres segments de la société, le trait déterminant a donc été le sectarisme ;
- « la mainmise sur un trésor de guerre amassé durant de longues années de prédation et sur les ressources de l'économie de rente » ; grâce à cet argent, ils ont pu « [racheter] » nombre de dissidents politiques, de financer la création d'une multitude de petits partis destinés à diviser l'opposition et de conduire de véritables « stratégies de la tension » en provoquant des troubles, notamment sous formes d'affrontements ethno-agraires » [12] ;
- la « la pusillanimité » des gouvernements occidentaux, des institutions de Bretton Woods et même du Vatican.

Il faut ajouter l'infiltration des partis d'opposition par des personnes acquises en réalité au parti au pouvoir ainsi que le recours, lors des élections politiques, à diverses manœuvres tendant à assurer la victoire à ce parti : clientélisme, transfert d'électeurs, manipulation du fichier électoral en permettant les votes multiples par des électeurs partisans du pouvoir ; au contraire, non-inscription d'électeurs considérés comme acquis à l'opposition, caution donnée aux fraudes électorales par des observateurs soutenant les autocrates.

La démocratie dévoyée a pour finalité la confiscation du pouvoir. En dehors d'un tel dessein qui peut aller jusqu'à l'instauration d'un pouvoir dynastique, les autocrates n'ont pas eu et n'ont pas en réalité un grand dessein pour leur pays et pour l'Afrique. En tout cas, en ce qui concerne le développement, surtout pour ceux d'entre eux qui sont restés ou sont au pouvoir depuis longtemps, le constat est patent : il n'y a pas de développement.

Le sous-développement du pays gouverné et la stratification de la société

Les expressions pays en voie de développement ou pays en développement sont trompeuses. Elles font supposer qu'il y a décollage, début de développement. Or, il n'en est rien.

Dans le monde contemporain, les pays qui ont amorcé le décollage économique sont appelés pays émergents.

Afin de ne pas tomber dans l'illusion entretenue par les hommes politiques et les diplomates africains et autres, nous utiliserons l'expression de pays sous-développés ; cette expression est d'autant plus appropriée dans le contexte de la présente réflexion, qu'il importe de rattacher le sous-développement à un certain nombre de traits culturels. Le présent chapitre constitue l'une des évocations qui s'y rapportent.

La gravité, la persistance de la situation, l'émergence d'autres sociétés en Asie et en Amérique latine, conduisent à cette interrogation : les Africains sont-ils incapables de réaliser le développement économique, objet de tant de discours de leurs dirigeants depuis plus d'un demi-siècle ? Comme les autres hommes, ils le peuvent ; dans d'autres domaines (par exemple les arts, le sport, la musique) ils ont témoigné de leurs capacités.

La réussite d'une politique exige d'abord la volonté de la conduire à bien ainsi que la réunion de certains facteurs, parmi lesquels l'analyse des obstacles à franchir, les différents moyens à rassembler, éventuellement, et c'est le cas en l'espèce, l'observation des expériences entreprises par d'autres personnes ou d'autres pays tout en cherchant à éviter leurs erreurs.

S'agissant de la volonté politique de développement, l'échec est tel, surtout dans certains pays comme ceux de l'Afrique centrale, qu'il est permis d'en douter malgré l'abondance des discours.

Pour tous les pays africains, le point de départ est le même ; au sortir du système colonial, ils possèdent des économies de rente. Plus d'un demi-siècle après, la situation demeure globalement la même pour la plupart d'entre eux. Ces pays se caractérisent par l'économie de plantation ou l'économie minière. Le professeur Philippe Hugon signale à ce propos les particularités suivantes : tendance à la stagnation, gaspillage des ressources, distorsions entre les modes de production et de consommation. Il souligne que la rente générée par le secteur primaire et l'aide internationale « est largement accaparée par les agents membres ou proches de l'État, qui la redistribuent à travers des réseaux à base clientéliste, ou est replacée de manière privée à l'extérieur » [13].

La matière première est exportée sans valeur ajoutée.

Cependant, ces dernières années, la transformation sur place de certaines matières premières est envisagée dans quelques pays, par exemple dans la filière bois (Congo, Gabon). Mais parfois, cette transformation est différée. Ainsi, au Congo, la loi impose la transformation sur place de 85 % de la production de grumes ; mais en 2006, cette loi n'avait pas encore reçu application [14].

Au Gabon, le gouvernement a interdit l'exportation des grumes et imposé la transformation locale du bois.

Il ne peut y avoir de développement économique, industriel, sans infrastructure de communication.

Or, dans plusieurs pays, notamment d'Afrique centrale, ces infrastructures font défaut, particulièrement les infrastructures terrestres. De prime abord, ceci est incompréhensible pour ceux d'entre eux qui produisent des richesses minières, certains depuis plusieurs décennies, par exemple, le Congo, le Gabon et la RDC.

Une telle situation ne saurait s'expliquer par l'absence de moyens financiers. Durant son « règne » de trois décennies, il ne tenait qu'à Mobutu de rendre praticable au moins la voie reliant le camp Tchachi à l'aéroport de Ndjili dont les trous et les ornières retardèrent la fuite de sa famille. « Quarante-cinq minutes d'enfer », relate son gendre Pierre Janssen [15].

Au Gabon, si Omar Bongo, dont le « règne » a été plus long (41ans), a pu faire construire un coûteux chemin de fer (près de 1 300 milliards de francs CFA) [16], il aurait pu aussi faire doter son pays de grands axes routiers. A sa mort en 2009, le nombre de kilomètres de routes bitumées est estimé à 800, ce qui est trop peu, eu égard à une telle longévité au pouvoir.

Le sous-développement des infrastructures terrestres ne fait-il pas partie d'une stratégie du maintien du sous-développement ? Il participe au cloisonnement des régions, à la limitation des échanges, à l'endiguement de la vie facile, en particulier de la libre circulation des hommes et des marchandises.

En ces temps de multipartisme accepté à regret par les autocrates, l'enclavement des populations profite aux tenants du pouvoir.

Pendant les campagnes électorales et durant les élections, grâce à leur surface financière, ils peuvent corrompre, se constituer une importante clientèle, s'attacher l'adhésion sinon l'allégeance de cercles influents dans l'administration, la société civile, la société politique, le monde confessionnel.

En outre, ils disposent, sans limite, des moyens de l'État, moyens de déplacement (hélicoptères de l'armée), moyens de communication (radio, télévision).
En revanche, leurs adversaires politiques, au demeurant divisés, disposent de moyens limités : moyens financiers, moyens de circulation, de communication.

Le maintien du sous-développement semble plutôt correspondre aux intérêts de certaines élites dirigeantes africaines. J-F Bayart, A. Mbembe et C. Toulabor, soulignent qu'en Afrique « l'État est le vecteur principal de l'accumulation [...] qu'il se réclame du socialisme ou non, qu'il soit pluraliste ou unanimiste, [il] est partout devenu le premier agent économique » [17]. Ainsi, « les canaux d'accumulation dépendent presque exclusivement du pouvoir, qui les gère dans une perspective de patronage et de régulation politiques […] ou qui les confisque purement et simplement (dans les cas des tyrannies patrimoniales) » [18]. De leur côté, S. Michel et M. Beuret observent que ces élites dirigeantes « voient un double avantage à leur pratique de prédation et de corruption : elles empêchent l'émergence d'une classe moyenne qui pourrait à terme les menacer, et elles obtiennent presque instantanément assez d'argent pour mener grand train et entretenir une clientèle qui leur garantit à son tour leur maintien au pouvoir » [19].

Lorsque cette classe moyenne existe malgré tout, en plus de la recherche de son contrôle, on s'efforce de la voir aussi étriquée que possible, ce à quoi a également contribué l'ajustement structurel, souligne Anne Cécile Robert [20].

Notes

[1] Voir deuxième partie, chapitre II.

[2] J. Owona, *Droit administratif spécial de la République du Cameroun*, EDICEF, Paris, 1985, p. 54.

[3] Idem, p. 55.

[4] *Journal officiel de la République Gabonaise (JORG)* du 15 juillet 1967, p.475.

[5] *Hebdo Informations (HI)* (Journal d'annonces légales) n° 10 du 31 juillet 1981, p. 75.

[6] M-J Guédon, « *Régularité interne de l'acte administratif et pouvoir de substitution du juge* », *A.J.D.A.* 1981, p. 446.

[7] *JORG* du 20 juillet 1977, p.2.

[8] *HI* n° 239 du 28 septembre 1991, pp. 125-133.

[9] *HI* n° spécial 517 du 8 avril 2006, pp. 57-67.

[10] Voir M. Rémondo, *Le droit administratif gabonais*, LGDJ, Paris, 1987, n° 506, 1088 et s.

[11] Dans l'Afrique anglophone, on distingue : l'Afrique du Sud, le Ghana, le Kenya, le Liberia, le Nigeria, La Sierra Léone, la Tanzanie et la Zambie.

[12] J-F Bayart, *L'Etat en Afrique- La politique du ventre*, préface, p. XIV, Fayard, Paris, 2006.

[13] Ph. Hugon, *L'économie de l'Afrique,* Editions La Découverte, Paris, 1993, pp. 21 et 22.
[14] S. Michel et M. Beuret, op. cit., p. 90.
[15] P. Janssen, op. cit., p.234.
[16] *L'Union* (Libreville), n°10049 du 16 juin 2009, p. 5.
[17] J.F. Bayart, A. Mbembe, C. Toulabor, *Le politique par le bas en Afrique noire - Contributions à une problématique de la démocratie*, Karthala, Paris, 1992, p.78.
[18] Idem, p. 79.
[19] S. Michel et M. Beuret, op. cit., p. 119.
[20] A. C. Robert, op. cit., p. 83.

Chapitre III

Les prémices de l'action

« L'homme se forme par la peine, ses vrais plaisirs, il doit les gagner, il doit les mériter. Il doit donner avant de recevoir » [1].

Alain

Dans une communauté humaine, l'action exige un minimum d'institutions fonctionnant selon des règles établies et respectées.

Le développement économique et social doit être une construction pensée, voulue, concernant toutes les activités de la société. C'est un processus continu et non épisodique.

Or, au regard de l'action, l'Africain peut présenter deux handicaps majeurs :

- la réflexion ne précède et n'accompagne pas toujours l'action ; bien au contraire, l'irrationalité est un trait très répandu et très dommageable lorsqu'on considère ses conséquences et les comportements secondaires qu'elle engendre ;
- l'inorganisation est fréquente dans divers domaines d'activités alors que l'inverse est l'une des conditions de l'efficacité de l'action à entreprendre.

1 L'irrationalité

Sans doute tient-elle, en grande partie, à la place considérable qu'occupe la croyance aux forces surnaturelles, magiques, à la sorcellerie.

Cette croyance explique par exemple :

- l'interprétation erronée des phénomènes naturels (foudre, cataclysmes, mort, etc.) ;
- le recours au féticheur avant et pendant l'action dans divers domaines, en particulier celui de la santé et de la réussite sociale ;
- l'incohérence, l'inconstance, l'absence d'équilibre que révèlent des actions ou des paroles contradictoires ou la violation de la parole donnée ;
- l'importance excessive réservée au geste et à la parole, parfois à l'origine de conflits interpersonnels.

Dans un tel contexte, une entreprise complexe, continue et multisectorielle comme le développement économique et social peut être compromise par les comportements liés à l'irrationalité et représentant des blocages sérieux. On en distinguera cinq : l'esprit négatif, la croyance religieuse, l'absence ou l'insuffisance de l'esprit scientifique, le poids de la tradition et l'importance excessive du verbe.

1 1 L'esprit négatif

Est visée par cette expression, la propension, face à une situation donnée, à ne pas dégager une solution raisonnable ; la propension à contrer autrui, à lui nuire, notamment par crainte de la rupture de l'égalité, ou alors à torpiller son action afin de mettre en exergue son propre intérêt ou satisfaire sa propre ambition.

Cet état d'esprit peut être en rapport avec la jalousie ; elle est parfois aux confins de l'irresponsabilité, comme en témoigne le comportement des pilotes zaïrois rapporté plus loin.

Les activités politiques et professionnelles en sont les théâtres de prédilection.

Par exemple :

- au sein du même parti politique ou de la même administration ou de la même entreprise, sont menées des actions tendant, selon le cas, à la défaite du parti commun, à l'inefficacité de l'administration, à la régression de l'entreprise plutôt qu'à son succès, à l'échec plutôt qu'à la réussite ou à la promotion du collègue ou du congénère ;
- dans une administration, le nouveau responsable va nier, voire annihiler l'œuvre, « par principe mauvaise », de son prédécesseur. Ce comportement explique le perpétuel recommencement observé en Afrique, le fait de rouler continuellement la pierre de Sisyphe ;
- l'histoire de deux pilotes de chasse zaïrois qui ne pouvant se poser à Kinshasa à cause du brouillard, au lieu de se détourner vers un autre aéroport, ne trouvèrent pas mieux que de sauter en parachute, abandonnant leurs avions qui évidemment finirent par s'écraser.

1 2 La croyance religieuse

L'ethnologue britannique Edward Burnett Tylor a fait de l'animisme le terme majeur du vocabulaire de l'ethnologie religieuse [2].

Le mot vient du latin *animus*, âme. Mongo Béti observe qu'il « désigne la croyance en une puissance occulte universelle et c'est probablement le fondement même de toute démarche religieuse » [3].

Cet auteur ajoute : « l'animisme est à réintégrer dans une philosophie du sentiment religieux en général parce qu'il semble que ce soit une structure universelle de la pensée humaine. [Il] peut suivant les cas, prendre la forme d'un panthéisme, d'un monothéisme ou d'un polythéisme » [3].

D'après le même auteur, c'est seulement au XVIIème siècle que la philosophie occidentale rompt avec l'animisme pour fonder la science moderne, physique et mathématique [3].

« Le mot s'est alors spécialisé, devenant péjoratif, pour désigner l'ensemble des croyances religieuses des sociétés sans écriture » [3], y compris africaines.

L'Africain, comme d'autres êtres humains, s'est lui aussi penché sur son existence, sa place dans l'univers, sur la problématique de son rôle et des moyens d'action sur son environnement.

Partout sur le continent, prévaut la croyance à un Être suprême diversement dénommé, créateur de l'univers. « Son rôle est presque nul sur le plan liturgique, car il ne bénéficie qu'exceptionnellement d'un culte visible et direct [...]. C'est toujours lui, l'ultime, bien que discret, destinataire de toute prière, de toute offrande » [4]. Entre lui et les hommes, existent des intermédiaires : dans certaines sociétés des divinités inférieures [5], les ancêtres familiaux, les marabouts. Dans les sociétés islamisées ainsi que dans celles qui ne le sont pas, le marabout désigne cet intermédiaire si fréquent ou sorcier, lui aussi maître de l'invisible, sollicité tantôt pour poser des sortilèges, tantôt pour les défaire car il est doté de pouvoirs occultes puissants.

La croyance religieuse traditionnelle a subsisté aux religions importées, les religions chrétiennes et l'islam avec lesquelles elle coexiste depuis.

Cette coexistence donne lieu à des contradictions et des incohérences qui ne peuvent être favorables à une restructuration équilibrée de la personnalité de l'Africain.

C'est à la croyance religieuse traditionnelle qu'il faut imputer, en grande partie, l'absence d'esprit scientifique.

1 3 L'absence ou l'insuffisance de l'esprit scientifique et le poids de la tradition

L'esprit scientifique est la disposition à se prêter aux actes et attitudes qu'implique la science : des institutions afin d'organiser et transmettre le savoir, d'étudier les faits, objets et phénomènes appréhendés par la science, la prise en compte des lois dégagées, leur divulgation, le recours à l'expérimentation.

En général, les élites traditionnelles ne présentent pas ces comportements. Dans une société où s'entremêlent religion et sorcellerie, le savoir est caractérisé par le mystère, la répétition, l'immobilisme ou presque.

Le premier caractère lui enlève l'objectivité, la diffusion auprès du « profane », la vulgarisation ; la répétition fait que la transmission se réalise telle qu'elle est, sans remise en cause éventuelle et, par conséquent, sans approfondissement ni recherche de progrès.

Le poids de la répétition, de la tradition, de l'immobilisme est tel, l'irrationalité aidant, que l'on a tendance, sous prétexte que c'est impossible ou très difficile, à opposer un refus immédiat à tout processus significatif de changement des habitudes acquises.

En fait, dans l'adaptation au monde moderne, l'observation conduit à conclure que parfois l'Africain procède à un choix et il n'est pas toujours facile d'établir une ligne de démarcation générale entre ce qui est rejeté et ce qui est adopté. On peut distinguer deux tendances :

- l'adaptation lente et difficile : il en est ainsi dans le domaine de la santé ; la prévention par exemple, sous des aspects différents (vaccins, comprimés, pilule, préservatifs) n'est pas « ingérée » d'emblée ; il faut des campagnes intensives et durables. Les habitudes, les comportements hérités d'un passé séculaire sont tenaces, soutenus ou aggravés par le fétichisme ainsi que par certaines croyances telles que : l'on ne prend de médicament qu'en cas de maladie ou, toute maladie étant curable, il est incompréhensible que pour certaines (par exemple l'hypertension artérielle ou le diabète) le patient soit quotidiennement astreint à une médication ;
- l'adaptation aisée et immédiate : il en est ainsi de la mode vestimentaire et de la possession des appareils de communication. Faut-il l'expliquer au moins en partie, par la préoccupation de soigner l'image à donner aux autres ?

1 4 L'importance excessive du verbe

Dans l'ontologie bantu, le verbe joue un rôle capital dans la mise en œuvre des forces occultes. Il se présente, selon les circonstances, sous la forme d'une rhétorique, d'un chant, d'une évocation ou d'une incantation. Un rôle « magique », surtout dans ce dernier cas, lui est conféré.

Est-ce en raison de ce rôle « magique » que la parole occupe une place primordiale dans les relations interpersonnelles ?

Des mots, certes malveillants, suffisent à « téléguider » un mauvais sort et à permettre, par conséquent, d'identifier le responsable non pas présumé mais certain de l'échec, de l'accident, de la maladie ou du décès, etc.

C'est peut-être la raison pour laquelle certains Africains confondent souvent parole et action ou donnent l'impression que, parce qu'ils ont parlé, l'action a été engagée.

Tant de discours sur le développement, les termes de l'échange, le transfert des technologies, la santé pour tous en l'an 2000 (slogan lancé dans les années 80), l'émergence n'ont-ils pas plutôt valeur d'incantations en vue d'atteindre ces objectifs ?

2 L'inorganisation ou l'insuffisance d'organisation

Dans toute activité, l'organisation contribue au succès. Elle se traduit notamment par la mise en place de structures, d'institutions, d'organes, par l'adoption de principes, de règles juridiques ou de normes, parfois non écrites (par exemple la taille minimum d'un basketteur de haut niveau), principes et normes destinés à définir l'objet de ces structures, à déterminer et garantir leur fonctionnement, à préciser les rapports internes ou avec d'autres organismes ainsi qu'avec les usagers et les autres acteurs.

C'est le droit qui sert de fondement à toute institution ou activité humaine, accompagne ou enregistre son évolution. Il doit être respecté et sa violation sanctionnée.

La majorité des citoyens dans les pays développés comprennent ou sont obligés de comprendre l'importance du droit dans le développement de leur société.

Pays et citoyens africains dans l'espace francophone ne répondent pas à un schéma organisationnel systématique, général pour toutes les activités sociales.

En fait, souvent, on peut noter contradiction et incohérence en ce sens que l'organisation et la norme qui la fonde, la discipline ou la sanction qui protègent celles-ci sont, selon le cas, annihilées ou perturbées, violées ou dénaturées en fonction de l'intérêt du moment.

Ces comportements sont imputables à divers facteurs provenant de traits culturels déjà indiqués (par exemple l'ego) ou qui seront signalés plus loin (par exemple la propension à la violation du droit).

En matière d'organisation – dans la perspective du développement – deux facteurs retiennent l'attention : l'appréhension du temps et l'absence ou l'insuffisance d'information.

2 1 L'appréhension du temps

Selon les Asiatiques et les Occidentaux, le respect de l'heure est l'un des domaines où beaucoup d'Africains sont déroutants. Montre parfois de luxe au bras, ils sont néanmoins des abonnés au retard.

Sans doute, pour comprendre ce déphasage, ne faut-il pas considérer la seule notion de l'heure, mais l'appréhension que l'Africain a du temps, l'heure n'en étant qu'un indicateur.

Il est facile de mesurer l'inconvénient du déphasage. Le temps est un facteur capital dans le système de production capitaliste et ce n'est pas un hasard si dans le temple du capitalisme qu'est l'Angleterre l'on ait dit « time is money ».

La société africaine, surtout traditionnelle, ne répond pas à cette orientation idéologique. Dans cette société, en particulier en zone rurale, l'Africain a une autre conception du temps ; ce dernier est cyclique ; il ne correspond pas à une donnée quantifiable et précise, au point de le contraindre à accomplir ses activités quotidiennes selon un rythme régulier, encore moins rapide.

C'est ce qui explique ses deux attitudes à son égard : l'indifférence ou le refus, le refus de la tyrannie du temps, souligne Daniel Etounga Manguelle [6].

Cette perception cyclique du temps présente un lien avec ce qui paraît être de l'immobilisme car pour l'Africain, rien ne presse, il a toujours le temps d'agir. Il s'agit d'un immobilisme relatif. Pour le professeur Ki Zerbo, la société africaine n'a pas été une « société statique ou adynamique » [7] mais une société à rythme lent d'évolution[7].

Afin d'examiner cette question complexe, il convient de se placer à deux points de vue : la rétrospective et le temps en tant que facteur d'organisation de la vie sociale.

La rétrospective

Chez un peuple, la culture d'aujourd'hui est au moins un pan de celle du passé. S'agissant du temps, l'appréhension qu'en a l'Africain de nos jours trouve, au moins en partie, son explication dans le passé. A cet égard, trois données méritent l'attention : l'absence presque générale d'écriture, les limites possibles de la mémoire du moins chez les non-professionnels (les professionnels étant les narrateurs et les griots), la répétition comme vecteur de la transmission et de l'acquisition du savoir.
L'absence d'écriture chez la plupart des peuples noirs a constitué un handicap immense dans leur évolution. Or, écrit le professeur Ki Zerbo, « l'écriture est un magnifique et formidable outil, un instrument de précision, d'abstraction et de généralisation de la pensée, d'accumulation et de transmission du capital intellectuel » [7].

Dans des sociétés stratifiées, voire organisées en castes, où le savoir était détenu par une minorité de personnes qui ne le transmettaient qu'au compte-gouttes et souvent par initiation, l'absence d'écriture ne pouvait que contribuer à l'immobilisme, à tout le moins pour reprendre l'illustre historien, à « un faible coefficient de mutation ou de progrès matériel » [7]. A défaut d'être exprimé en termes chiffrés et précis, le temps était perçu – et a tendance à l'être encore aujourd'hui – comme une période.

L'absence d'écriture entraîne comme corollaire l'importance de la mémoire comme matériau de conservation et de transmission du patrimoine culturel, avec les inconvénients possibles chez les non-professionnels que sont l'imprécision et l'évanescence. En outre, cette mémoire est sollicitée pour un champ culturel limité qui concerne la famille y compris les ancêtres, le clan, l'ethnie, autrement dit un espace réduit.

Sur le plan matériel, le contenu de la culture est dominé par l'histoire de ces entités, en ce qui concerne leur constitution, leur évolution et leur patrimoine culturel. En l'absence d'écriture, cette histoire n'est pas datée avec précision et la forte intégration de l'individu au sein de ces entités fait en sorte que, maillon d'une longue chaîne, il y est « perdu » ou s'y trouve « dissous » plutôt qu'il n'est appelé à y laisser son empreinte. Du moins, tel est le cas lorsqu'il n'est pas « entré » dans la légende.

Quant à la transmission, elle est assurée grâce au phénomène de la répétition de génération en génération, avec peu ou pas de remise en cause des institutions, de l'homme, de ses comportements, de ses actes, afin de parvenir – après avoir décelé des erreurs ou des insuffisances – à une évolution marquée par le renouvellement et le progrès.

Le temps, facteur d'organisation de l'activité sociale

Dans le monde industrialisé, le temps occupe une place capitale dans l'organisation des activités sociales, surtout industrielles et commerciales. Diverses raisons l'expliquent : en particulier l'efficacité grâce à l'aménagement d'un calendrier de travail, la recherche de la rentabilité, la division du travail, la compétitivité.

Dans ce contexte, il est entendu comme donnée précise, chiffrée. Cette conception ne s'impose pas aisément en Afrique.

Il est vrai que toute généralisation serait abusive, les Africains anglophones, par exemple, ne pouvant de ce point de vue, être comparés aux Africains francophones.

Encore convient-il, même dans l'espace francophone, de distinguer diverses situations.

Nombre d'Africains ont tendance à présenter des comportements ambivalents. En Europe, ils sont au diapason de l'environnement social. En Afrique, ils agissent selon « leur » temps.

Le fonctionnement du secteur privé est, en général, différent de celui du secteur public, de la fonction publique particulièrement. Là où existe le laxisme vis-à-vis de la déontologie, il est probable qu'il en soit de même à l'égard de la ponctualité.

La difficulté d'adaptation est manifeste lors d'autres circonstances telles que les élections. A cette occasion, l'on s'étonne de l'ouverture tardive de certains bureaux de vote. Certes, les élections présentent un enjeu très important depuis l'instauration du pluralisme politique. Mais comment s'attendre à ce que celui qui a l'habitude d'arriver en retard au travail, aux réunions, se métamorphose subitement en citoyen ponctuel le jour du scrutin ?

Une autre faille observée parfois est l'absence d'exemple dans les hautes sphères de l'administration centrale. Lorsque tel ou tel président de la République manifeste qu'il est inhérent à son pouvoir de faire attendre ses visiteurs auxquels, pourtant, une heure d'audience précise a été communiquée par le service compétent, comment s'attendre qu'aux échelons inférieurs de l'administration l'on n'ait pas une idée « élastique » du temps ?

La vie trépidante dans la capitale n'est pas, à certains égards, un idéal. Faut-il alors excuser les villageois d'avoir toujours leur temps, comme leurs ancêtres, un temps évacué des contraintes de la précision et de la rigueur, de vivre à l'abri du stress ?

Sans doute, Daniel Etounga Manguelle leur prête la parole quand il écrit à la fin du siècle dernier : « nous mimons le temps du XXème siècle et continuons à vivre notre temps premier, celui où nous étions seuls au monde (dans notre monde), en petit nombre, au milieu d'une nature généreuse […] » [8].

Mais depuis très longtemps, nous ne sommes plus seuls dans « notre monde » ; il en est ainsi depuis cinq siècles.

S'agissant du développement, les Africains n'ont pas encore défini leur modèle. Jusqu'à une telle perspective, ils sont arrimés à celui de l'Occident, lequel comporte des exigences telles que la production à bas coût. Afin d'y parvenir, diverses conditions doivent être réunies ; parmi elles, l'utilisation adéquate de la durée de production, la recherche de la rentabilité, l'évaluation et la gestion optimale du temps.

Dans ce contexte, il ne peut plus s'agir d'une appréhension intermittente de ce dernier, y compris dans le secteur public au moins associé au processus de développement quand il n'en est pas la locomotive. Le défaut d'appréhension du temps constitue donc un facteur inhibiteur de ce processus ; il induit deux inconvénients majeurs :

- l'improvisation, autrement dit l'absence de programmation de l'action ou de la projection de celle-ci dans le temps ;
- l'absence de prise en considération de la rentabilité qui implique notamment, organisation, intégration des délais de travail, de production, des coûts afférents, etc.

L'appréhension du temps dans le monde contemporain doit trouver place dans la culture du développement à inculquer dans tous les secteurs d'activités, dans tous les milieux productifs de la société.

2 2 De l'absence de recherche de l'information à l'organisation de cette recherche

Nous avons indiqué que dans la société traditionnelle, le savoir était acquis et transmis oralement de génération en génération. Dans certains domaines, par exemple la médecine traditionnelle, il était souvent, sinon toujours, revêtu d'un voile mystico-religieux et les guérisseurs, connaisseurs en propriétés des espèces végétales, le tenaient par initiation auprès d'un maître, après une période d'apprentissage plus ou moins longue.

A la fois médecins et pharmaciens, ils étaient le relais entre le monde visible et le monde invisible invoqué en vue de la guérison.

Aujourd'hui, dans ce domaine de la santé ou en vue soit de la protection mystique, soit de la réussite sociale de leurs clients, ils procèdent comme leurs devanciers. Maintenant appelés de préférence tradipraticiens ou thérapeutes traditionnels, ils sont sollicités par certains citoyens faisant éventuellement la navette entre eux et la médecine académique.

D'une manière générale, la collecte préalable de l'information est variable selon les individus, en fonction notamment de leur formation, de leur situation professionnelle ou de leurs moyens personnels.

Dans le champ professionnel, grâce à l'organisation mise en place soit par l'État, soit par divers organismes, les citoyens peuvent disposer d'informations utiles à la conduite de leurs actions.

Notes

[1] Alain, *Propos sur l'éducation*, PUF, Paris, 1963, p. 10.
[2] P. Bonte et M. Izard, *Dictionnaire de l'ethnologie et de l'anthropologie*, QUADRIGE/PUF, 3ème édition, Paris, 1991, p. 72.
[3] Mongo Béti, *Dictionnaire de la négritude*, L'Harmattan, Paris, 1989, p. 19.
[4] B. Holas, *Les dieux d'Afrique noire*, Librairie orientaliste Paul Geuthners, Paris, 1968, p. 24.
[5] Voir par exemple B. Holas, op. cit., p. 35.
[6] D. Etounga Manguelle, op. cit., p. 43.
[7] J. Ki Zerbo, *Histoire de l'Afrique noire*, Hatier, Paris, 1972, p. 608.
[8] D. Etounga Manguelle, op. cit., p. 45.

Deuxième partie

L'État africain postcolonial

Le but ultime recherché à travers les développements précédents est de voir tous les Africains jouer un rôle actif dans la marche de leur société vers le développement.

Cette action ne saurait toujours être solitaire. Ils doivent participer aux débats sur les grands problèmes qui s'y posent. A cet effet, les structures de concertation, de rassemblement, d'investigation ne manquent pas : associations, syndicats, partis politiques, organisations non gouvernementales, etc.

L'autre structure, incontournable, acteur en principe décisif, surtout dans le monde contemporain, est l'État.

C'est principalement lui qui forme, organise, catalyse les énergies et les initiatives. En son sein sont élaborées les diverses politiques destinées à promouvoir la société. C'est l'État, même dans les pays qui se réclament du libéralisme, qui impulse l'économie, noue des relations utiles avec les pays étrangers, réglemente et encourage les activités des citoyens et des entreprises.

La question se pose de savoir si l'État africain réunit les moyens d'une politique de cette ampleur.

Pour analyser l'État africain d'aujourd'hui, il faut remonter au passé colonial. Sa configuration physique, les problèmes sociologiques qu'il peut avoir à surmonter, le nom de plusieurs États postcoloniaux ont leur origine dans l'histoire coloniale.

Il convient donc de rappeler ce passé, autrement dit les grands traits de la formation des territoires constitués par les puissances coloniales (chapitre I).

Depuis les premières indépendances, plus d'un demi-siècle s'est écoulé. Il importe alors de faire le bilan de l'État postcolonial en matière de développement. Le constat est sans équivoque ; il est négatif ; sa gestion a été déficiente (chapitre II).

D'où la nécessité d'envisager de nouvelles perspectives dans la gouvernance de cet État (chapitre III).

Notre monde se caractérise entre autres par des exigences, telles que des performances dans les domaines économique, scientifique, technique. Au moment où plusieurs présidents africains annoncent, pour leur pays, un seuil d'émergence, l'occasion est opportune de rappeler la nécessité pour les États africains de s'acheminer vers une politique de groupement (chapitre IV).

Chapitre premier

Le poids du passé colonial

La plupart des États africains postcoloniaux ont été, sous la colonisation, des territoires progressivement organisés par les puissances occupantes ; lors du mouvement de décolonisation, ces territoires ont été propulsés au rang d'États.

Le poids de ce passé est encore présent car les nouveaux États présentent une fragilité résultant de plusieurs facteurs, notamment historiques, sociologiques, économiques. Nous intéressent ici la formation de ces territoires ainsi que la fragmentation des ethnies opérées par les puissances coloniales lors de cette formation.

1 La formation de l'État africain postcolonial

Tout État est un phénomène d'histoire : son avènement est lié à des facteurs historiques que l'on peut identifier et analyser, dont on peut décrire l'enchaînement, situer les étapes et dégager les causes. L'État africain contemporain n'échappe pas à ce genre de processus. Mais il présente ceci de particulier que les faits et étapes liés à la formation du territoire qui est à l'origine de son existence ont été l'œuvre de la puissance colonisatrice agissant seule ou de concert avec d'autres puissances colonisatrices là où il y a eu rivalité entre elles.

Une formation exogène

Au moment où commence en Afrique l'occupation coloniale, le processus de formation endogène de l'État est généralement inachevé. Dans certaines contrées, existent même des sociétés an-étatiques.

En dehors de l'Éthiopie et dans une moindre mesure du Maroc et de la Tunisie, les puissances coloniales, grâce à leur supériorité en armement, ont détruit les entités étatiques existantes, de formation endogène.

En partant généralement de la côte, elles mettent progressivement en place des structures d'occupation militaire et d'administration destinées à garantir la sécurité de leur pavillon et de leurs intérêts.

Comme on vient de l'évoquer, la constitution des territoires par les puissances coloniales s'étaient réalisée parfois sur fond de rivalité entre elles, parfois au hasard de la progression de la conquête. Dans ce contexte, la conférence de Berlin (15 novembre 1884- 26 février 1885) fut réunie par le chancelier allemand Bismarck afin de déterminer les règles de l'occupation coloniale.

Dans l'Afrique sous domination française, ces territoires furent administrés à partir de 1910 au sein des « fédérations » administratives de l'Afrique occidentale française (AOF) et de l'Afrique équatoriale française (AEF).

A partir de 1946, la configuration des territoires se stabilise. Dans la terminologie officielle, ce ne sont plus des colonies mais des territoires d'outre-mer. Ce sont ces derniers qui, après une brève période d'autonomie interne, ont accédé à l'indépendance en 1960.

Cette accession ne se fera pas dans le cadre de ces « fédérations » ; la politique de balkanisation, elle aussi imposée, l'organisera dans celui des territoires membres, c'est-à-dire un espace étriqué.

Pour les Africains, l'État postcolonial est un accident, œuvre de l'occupant colonial. Ils n'ont pris aucune part à la formation du territoire dont est issu cet État ; néanmoins, ils doivent en assumer l'héritage ; la plupart de ces États ont une superficie moyenne ; un bon nombre d'entre eux sont de petits États alors que dans notre monde il est préférable qu'un État ait une grande dimension physique ou alors il faut se grouper.

Deux données fondamentales sont à retenir de la formation exogène des États africains ainsi issus des territoires constitués par les puissances coloniales.

La première est que les notions d'État et de nation n'y coïncident pas. Cette donnée est à l'origine de la politique ambivalente de nombreux dirigeants africains. Dans l'optique du modèle français, tantôt ils s'assignent comme objectif la formation d'une nation dans le cadre de leur État, tantôt ils se placent d'emblée dans l'hypothèse de l'État-nation, au risque d'être rappelés à l'ordre par une réalité différente. Car, et c'est la seconde donnée, le territoire des nouveaux États ne traduit pas un équilibre auquel seraient parvenues de manière endogène les sociétés concernées.

Les noms de certains États postcoloniaux témoignent de cette formation exogène ; ils ont été donnés par la puissance coloniale ; souvent il s'agit du nom d'un fleuve ou d'un lac. Pour quelques États, le nom est dû aux navigateurs portugais.

Le nom Cameroun en est un exemple. Les marins portugais, au XVème siècle, en remontant le fleuve vers Douala, le baptisèrent « Rio dos camaroes », la rivière des crevettes, en raison de la présence des nombreux crustacés observés [1]. Le Cap Vert tire son origine du portugais Cabo Verde, nom donné également au XVème siècle par un navigateur portugais à cause de la végétation abondante de l'archipel. Gabon vient de « Gabao », caban en portugais ; les navigateurs portugais, en abordant l'estuaire, estimèrent que ce dernier ressemblait à ce manteau de marin.

Dans certains pays, les dirigeants africains, au moment de l'accession à l'indépendance ou plus tard, ont donné à l'État postcolonial le nom d'un État africain précolonial même s'il n'y a pas correspondance de frontières entre les deux ; il en est ainsi du Ghana, du Mali, du Bénin et du Zimbabwe.

Dans d'autres pays, le nom de l'État est nouveau ; il a été donné par des dirigeants africains sans référence à un État précolonial. Il en est ainsi de la République Centrafricaine (RCA), du Zaïre sous Mobutu, du Malawi, de la République Démocratique du Congo (RDC).

Une formation hasardeuse

La constitution des territoires coloniaux s'était accompagnée de vicissitudes liées à la politique administrative de telle ou telle puissance coloniale. Ainsi, au sein de l'Afrique sous domination française, certains connurent des modifications importantes. Par exemple, la région gabonaise du Haut-Ogooué fut rattachée, à un moment donné, à la colonie du Moyen-Congo ; par la suite, elle fut à nouveau transférée au Gabon par le décret du 16 octobre 1946.

Au lendemain de la deuxième guerre mondiale, le territoire de la Haute Volta (actuel Burkina Faso) fut rattaché au Soudan (actuel Mali) avant d'en être détaché.

Les limites des territoires coloniaux devinrent plus tard les frontières des nouveaux États.

En outre, certains de ces derniers ont hérité de frontières imprécises dont le tracé n'était pas encore achevé par l'administration occupante, en particulier en raison des rivalités entre puissances coloniales, préoccupées tout autant à éviter d'envenimer ces rivalités qu'à « ménager l'avenir et permettre d'éventuelles expansions » [2].

Y compris là où il n'y a pas eu conflit de frontière, un trait dominant est à souligner : ces États ont été constitués à partir des préoccupations et/ou des intérêts des seules puissances coloniales.

Les principaux problèmes qu'ils ont connus ou connaissent peuvent être la reconnaissance de la frontière par les populations concernées et surtout ceux que soulève l'hétérogénéité de la population.

On comprend que les États postcoloniaux puissent être confrontés à des forces centrifuges.

2 Les forces centrifuges ou les facteurs d'instabilité

Les principaux facteurs d'instabilité voire de désintégration de l'État africain postcolonial sont le caractère artificiel de cet État, l'hétérogénéité de sa population et le sous-développement. Ici, nous n'abordons que les deux premiers facteurs.

2 1 Le caractère artificiel de l'État africain

A la veille de la grande vague des indépendances africaines [3] et après ces dernières, un débat sur les frontières tracées par les puissances coloniales s'était déroulé entre les nouveaux gouvernants autour de deux axes : le premier historiquement formulé fut la révision des limites territoriales héritées de ces puissances ; le second, qui a finalement prévalu, fut le maintien de ces limites devenues les frontières des nouveaux États.

La thèse de la révision des limites territoriales coloniales

Elle fut défendue avant 1960 par une minorité de dirigeants à la première Conférence des Peuples africains (5-13 décembre 1958) à Accra. A la tête des partisans de la révision figurait Kwame Nkrumah chantre de l'unité africaine. Avaient également manifesté cette intention Sékou Touré voire Léopold Sédar Senghor.

La conférence d'Accra avait condamné « les frontières et tracés artificiels établis par les impérialistes pour diviser les peuples africains », considéré comme « contre nature » ceux qui séparent des groupes ethniques ou divisent des peuples de même souche et préconisé leur abolition ou leur rectification [4].

Si par la suite, cette thèse de la révision n'avait pas été retenue, il n'empêche que des problèmes de frontières s'étaient posés ou se posent entre certains États [5].

En effet, quelques gouvernements, rejetant le principe de l'intangibilité des limites tracées par les administrations coloniales et prônant leur révision, conçurent des politiques hostiles au statu quo ; elles furent variables. On peut en distinguer quatre sortes :

- le refus de reconnaître le nouvel État ayant accédé à l'indépendance avec ces limites ; ce fut le cas du Maroc vis-à-vis de la Mauritanie, le premier considérant le second comme une province et qu'il ne devait donc pas exister de frontière entre les deux ;
- la fermeture de la frontière ; après le refus du Togo d'intégrer le Ghana comme le suggérait le Président Kwame Nkrumah, des fermetures de

frontières du côté ghanéen furent périodiquement ordonnées dans les années 1963, 1964 et 1965 ;

- le conflit non armé ; par exemple entre le Ghana et la Haute Volta (actuel Burkina Faso), entre le Cameroun et le Nigeria, entre le Niger et le Dahomey (actuel Bénin) ; entre le Malawi et la Tanzanie, entre l'Égypte et le Soudan ;
- le conflit armé ; il en fut ainsi entre l'Algérie et le Maroc, entre la Somalie et l'Éthiopie à propos de la province de l'Ogaden en 1977.

La fin du XXème et le début du XXIème siècle ont été marqués par les révisions de frontières les plus importantes. Annexée par l'Éthiopie en 1962, l'Érythrée s'en est détachée en 1993 à la suite d'un référendum organisé par l'ONU.

Après une guerre de deux décennies et un référendum d'autodétermination en janvier 2011, le Soudan du Sud a accédé à l'indépendance le 9 juillet 2011. C'est sans aucun doute jusqu'à présent, l'exemple le plus significatif de l'échec du principe de l'intangibilité des frontières issues de la colonisation.

La thèse du maintien des limites territoriales coloniales

Telle fut celle de la majorité des chefs d'État et de gouvernement en fonction au début des années 60 et, en principe, celle des gouvernements des ex-puissances coloniales.

Le principe de l'intangibilité des frontières issues de la colonisation ou principe de l'*uti possidetis juris* avait déjà été appliqué au XIXème siècle en Amérique latine ; il postule que « doivent être respectées et maintenues en l'état les frontières coloniales, héritées au moment de leur indépendance, par les nouveaux États » [6].

Ce principe fut consacré par la charte de l'OUA (article 3 § 3) et confirmé par la résolution A. H. G. 16-1 de la conférence des chefs d'État de l'OUA du 21 juillet 1964.

Le triomphe de ce principe s'explique par diverses considérations :

1°) La règle de l'intangibilité semble conforme aux principes qui commandent les successions d'États ; il est de règle que l'État successeur respecte les traités passés par l'État prédécesseur y compris les traités frontaliers ;

2°) On a fait valoir que l'administration coloniale avait malgré tout réussi à faire vivre ensemble diverses populations dans un cadre stable et que la lutte contre le colonisateur avait constitué un ciment unificateur rendant possible l'acceptation de l'intangibilité ;

3°) Madame Bourgorl-Flécher estime que cette règle procède également d'un principe politique d'économie de moyens [7]. Les dirigeants africains entendaient éviter, en particulier sur le plan économique, les inconvénients que n'auraient pas manqué de susciter les problèmes de répartition de territoires, de populations, d'infrastructures.

La révision des frontières aurait créé des problèmes complexes et conduit à rendre peut-être incertaine l'existence même du pouvoir de ces dirigeants.

En revanche, les cadres territoriaux hérités des puissances coloniales laissaient plutôt espérer le décollage économique et devaient permettre d'aboutir, même à une échéance lointaine, à la création d'États-nations.

4°) Le statu quo permettait d'éviter un vide, maintenait au contraire les liens avec l'ancien pays colonisateur duquel dépendaient l'économie et l'assistance ;

5°) Cette considération est la plus décisive sinon l'une des plus décisives. Les circonstances dans lesquelles beaucoup de pays africains sont parvenus à l'indépendance favorisaient en elles-mêmes le statu quo ; ils y ont accédé par étapes dans un cadre défini à l'avance au terme d'un processus qui s'est étalé sur plusieurs années ; il était pratiquement impossible, dans l'intervalle de ces étapes, de procéder à une révision des frontières coloniales.

Ainsi, fut entériné le découpage opéré par les seules puissances coloniales, avec les conséquences qui en découlent.

Deux de ces dernières ont déjà été évoquées : le caractère artificiel des États postcoloniaux et le principe de l'intangibilité des frontières coloniales.

S'agissant de celles-ci, il convient d'ajouter que deux tiers au moins de ces frontières ne sont pas, plus de cinquante ans après la plupart des indépendances, délimitées avec précision, ce qui peut être source de conflits.

C'est pourquoi l'UA s'attelle, dans le cadre du Programme frontière (PFUA), à la délimitation de celles qui ne l'ont pas encore été suffisamment.

A cette fin, les anciennes puissances coloniales ont marqué leur accord afin de faciliter cette opération. Ainsi, le 29 novembre 2013, la France a transmis à l'UA les copies des accords de délimitation qu'elle avait passés entre 1845 et 1956. L'Allemagne a, elle aussi, communiqué à l'institution panafricaine les données en sa possession. Le Royaume Uni, la Belgique et le Portugal ont, de leur côté, fait part de leur disponibilité sur la question.

L'UA envisage pour 2017 l'achèvement du processus de délimitation définitive des frontières africaines.

L'autre conséquence du découpage colonial est la fragmentation des ethnies.

2 2 La fragmentation territoriale des ethnies et l'hétérogénéité de la population

La seconde est le corollaire inévitable de la première. Ce sont des caractéristiques majeures de l'État africain postcolonial qui présente cependant l'apparence des autres États, c'est-à-dire une superstructure juridique et politique. Comme on l'a vu, sa formation n'a pas été endogène. Pour constituer les territoires coloniaux, les puissances occupantes ont souvent fragmenté des ethnies, si bien que certaines d'entre elles se répartissent aujourd'hui entre plusieurs États postcoloniaux.

Citons quelques exemples. L'ancien royaume du Kongo ayant été partagé entre la France, la Belgique et le Portugal, les populations bakongo se retrouvent aujourd'hui au Congo, en République Démocratique du Congo (RDC) et en Angola, très précisément au Cabinda. On rencontre les populations éwé au Ghana, au Togo et au Bénin. Les Malinké sont en Gambie, en Guinée (Conakry), au Mali, au Libéria, en Sierra Léone et en Côte d'Ivoire. On trouve les Ouolofs au Sénégal et en Gambie. Les Fangs se rencontrent au Cameroun, en Guinée Équatoriale, au Gabon et au Congo (Brazzaville). Les Somalis ont été répartis entre une possession française (la Côte française des Somalis qui deviendra le territoire français des Afars et Issas puis, à partir de 1977, la République de Djibouti), une possession britannique (le Kenya) et l'Éthiopie [8].

Ainsi, en Afrique noire, l'État n'est pas l'aboutissement d'un long processus historique, sociologique, constitutionnel qui s'est étalé sur plusieurs siècles. Il est le prolongement des territoires coloniaux et comprend, généralement, des ethnies en nombre variable, territorialement fragmentées ou non. L'État est antérieur à la nation. Ce dernier terme est utilisé pour désigner l'ensemble de la communauté humaine constituant le premier ; il explique alors celle de l'épithète nationale.

Le puzzle ethnique qui caractérise ainsi la quasi-totalité des États africains peut s'accompagner de problèmes. Celui des frontières vient d'être évoqué. A l'intérieur de chaque État, se pose celui de la cohésion sociale, autrement dit, dans l'optique envisagée dans les présents développements, celui de l'appréhension de l'ethnie. Il en va de l'existence de l'État, au moins de sa pérennité, de sa vitalité, de la paix entre les citoyens.

Dans les pays francophones, les gouvernants ont choisi le modèle de l'État français, ne retenant de ce dernier que l'État-nation et la centralisation. Dans le contexte qui vient d'être décrit, l'État-nation est pour le moment en Afrique noire une fiction. En réalité, la politique suivie est faite d'ambiguïté.

En principe, l'ethnie est illégitime ; l'accent est mis sur son caractère de force centrifuge pouvant conduire à la désintégration de l'État. Mais, dans les faits, on en tient compte lors des actes importants des autorités publiques : la composition du gouvernement, la nomination aux fonctions de responsabilité civiles ou militaires, la composition des assemblées au niveau central ou local.

Quant à la centralisation administrative pratiquée, elle est analysée comme un antidote aux velléités identitaires et déstabilisatrices que pourrait engendrer ou favoriser l'ethnie.

Sous le monopartisme, elle a constitué aussi, pour l'autocrate au pouvoir, un levier pour la maîtrise et la consolidation de son pouvoir politique.

Nous verrons plus loin qu'il importe d'appréhender autrement l'ethnie, socle de l'identité culturelle de chaque citoyen et matrice du patrimoine culturel [9].

Notes

[1] A. Mbembe, *Sortir de la grande nuit-Essai sur l'Afrique décolonisée*, La Découverte, Paris, 2010, p.32.
[2] Boutros Boutros-Ghali, *Les conflits de frontières en Afrique*, Éditions Techniques et Economiques, Paris, 1972, p. 9.
[3] Le Ghana a accédé à l'indépendance le 6 mars 1957.
[4] Boutros Boutros–Ghali, op. cit., Document n° 5, p. 93.
[5] Idem, pp. 7 et s.
[6] J.J.De Pinho Campinos, « *L'actualité de l'* « *uti possidetis* », cité par D. Bourjorl-Flécher, *in* « *Heurs et malheurs de l'* « *uti possidetis* », *L'intangibilité des frontières africaines* », *RJPIC*, 1981, p. 811.
[7] Idem.
[8] R. Yakemtchouk, *L'Afrique en droit international*, LGDJ, Paris, 1971, pp. 10-11; Edem Kodjo, op.cit., p.247.
[9] Voir, infra, chapitre III, La gouvernance politique.

Chapitre II

La gestion déficiente de l'État africain durant le demi-siècle suivant l'indépendance

Le demi-siècle qui a suivi les indépendances de la plupart des pays d'Afrique noire présente une caractéristique essentielle, le non-développement de tous.

Lorsque l'on envisage leur développement et leur nécessaire groupement, plusieurs constats sont à établir. Certains de ces pays possèdent des matières premières alors que d'autres en sont dépourvus ; en raison d'un abus de langage, les premiers sont étiquetés pays « riches », les autres pays « pauvres ».

En second lieu, certains pays disposent d'un accès à la mer, d'autres n'en ont point.

Le troisième constat concerne la superficie. Il existe de petits pays qui isolément ne peuvent être économiquement viables (ressources minières ou énergétiques inexistantes ou insuffisantes, marché étroit pour ne citer que ces deux données). En revanche, d'autres pays, du fait de leur dimension géographique, de leurs ressources et de leur démographie peuvent être économiquement viables (par exemple l'Afrique du Sud, le Nigeria, la République Démocratique du Congo).

En quatrième lieu, comme on l'a vu, issus pour la plupart d'entre eux de territoires constitués par les puissances coloniales, presque tous ces pays peuvent se révéler fragiles en cas de tension au sein de leur tissu sociologique.

Enfin, ce n'est pas tant l'argent, particulièrement pour les pays producteurs de minerais et de pétrole, qui a fait ou fait défaut en vue de leur développement.

Certes, le poids de la dette extérieure constitue un lourd handicap, mais les maux fondamentaux ont noms gestion déficiente et absence d'unité [1].

Il importe donc de dégager les principales causes de cette gestion déficiente, ses manifestations et ses conséquences.

Auparavant, il est nécessaire d'analyser l'environnement institutionnel lors de ce demi-siècle d'indépendance.

1 Le système institutionnel

Si dans certains pays l'indépendance est acquise dans un système pluraliste, très vite, le monopartisme est instauré dans pratiquement tous les pays africains.

Il va constituer l'un des éléments du régime politique dénommé présidentialisme africain. En plus du monopartisme, ses caractéristiques sont un exécutif fort qui fut généralement à l'origine monocéphale puis bicéphale, et un parlement faible.

Le pouvoir exécutif est dominé par un chef d'État jouissant d'une prééminence incontestée. La formule de certaines constitutions est significative à cet égard ; il est « le détenteur exclusif du pouvoir exécutif » (constitution ivoirienne du 3 novembre 1960, article 12 ; constitutions gabonaises des 21 février 1961 et 25 avril 1975, article 6 ; constitution congolaise du 2 mars 1961, article 9).

Lorsqu'il en existe, l'institution d'un premier ministre s'analyse selon le président Lavroff comme un « bicéphalisme purement technique ayant pour but de désigner le principal collaborateur du chef de l'État » [2]. Un premier ministre est ainsi institué au Cameroun (constitution du 2 juin 1972, article 8 nouveau), au Gabon (constitution du 25 avril 1975, article 20), au Sénégal (constitution du 7 mars 1963, révisé le 26 février 1970).

L'organe exécutif prééminent demeure le président de la République qui nomme et révoque le premier ministre (dans la constitution gabonaise du 25 avril 1975, le président reste chef du gouvernement) responsable devant lui. Le président nomme également les autres membres du gouvernement et détermine leurs attributions.

La prééminence du président de la République se manifeste aussi par les pouvoirs étendus prévus par la constitution à son profit : l'exercice du pouvoir règlementaire, des pouvoirs exceptionnels ainsi que la nomination aux emplois civils et militaires.

En outre, la prééminence existe vis-à-vis du Parlement initialement monocaméral. Le président de la République, directement d'abord puis par l'entremise du chef de gouvernement, participe à la fonction législative au demeurant restreinte dans les constitutions des États francophones qui, à l'instar de la constitution française du 4 octobre 1958, ont circonscrit le domaine législatif à certaines matières.

De plus, le président de la République, politiquement irresponsable, exerce sur le Parlement diverses prérogatives dont la dissolution.

A un moment où règne le monopartisme dans des sociétés où l'ethnie constitue une donnée sociologique de première importance, il convient de souligner que la notion de représentant censé caractériser leur statut se trouve en réalité faussée. En effet, le régime représentatif met normalement en jeu trois acteurs : les gouvernants, les censeurs et les gouvernés. Ceux-ci, qui forment le peuple sont représentés par les seconds dont le rôle, grâce à l'institutionnalisation de mécanismes appropriés (notamment les questions orales, les interpellations, la motion de confiance, la motion de censure) est de suivre et de contrôler l'action des premiers.

Pour que le député représente le gouverné, il faut que ce dernier le choisisse réellement.

Or, dans le système présidentialiste, en régime mono partisan de surcroît, il n'y a pas de choix ouvert ni réel. Le candidat à l'élection est retenu et présenté par le parti unique ; l'électeur est alors invité à entériner l'option de ce dernier. Dans ce système, l'élection présente un sens particulier : elle n'est pas destinée à permettre à l'électeur d'effectuer son choix mais à confirmer celui du parti unique; elle n'est pas libre mais orientée.

Il est alors difficile de considérer le député comme le représentant du peuple ; il est plutôt l'homme du parti unique au sein de son ethnie et parfois même celui du président de la République lorsque ce dernier est en même temps chef du parti.

Quant aux pouvoirs du Parlement, ils sont limités. Dans la fonction législative l'initiative des lois est partagée avec l'exécutif. Il n'y a pas de pendants aux prérogatives du chef de l'État. Bien au contraire, on note une inefficacité d'action à son égard.

Le contexte est alors celui de l'autocratie. Le professeur Asso, se référant à l'origine étymologique du mot en donne l'interprétation : « le chef est à lui-même son propre principe de légitimité ; son titre à gouverner réside dans une vocation qui lui est personnelle » [3].

En considérant la réalisation de cette « auto-légitimité » cet auteur distingue entre autocratie autoritaire, celle qui s'impose par la force et autocratie populaire, celle qui a l'onction du peuple ou est censée l'avoir.

L'Afrique a connu les deux ; la première est caractéristique des régimes militaires, nombreux sur le continent dans les années soixante, soixante-dix et quatre-vingt. Si la seconde a parfois correspondu à leur évolution, elle a constitué, en dehors de cette hypothèse, le modèle le plus courant de l'exercice du pouvoir politique.

Le monisme institutionnel est accompagné d'une mystification construite et entretenue autour du président de la République. Le phénomène étant très répandu, il est intéressant de s'interroger sur sa ou ses raisons d'être ainsi que sur les effets escomptés.

Seydou Lamine souligne : qu'ils soient civils ou militaires, les dirigeants africains « ont décidé que l'Afrique vive dans ses contradictions et ses mythes...le mythe de l'indépendance, le mythe de l'unité, le mythe d'une voie africaine de développement, le mythe de la justice, le mythe de l'authenticité [...] » [4].

Faute de réalité dans ces domaines, il faut « propulser » le peuple vers le rêve. Le slogan, le discours, destiné à entretenir ce rêve vise assurément un effet psychologique. Le citoyen, surtout sous le régime du parti unique, est appelé à se transporter vers ce rêve.

Ainsi, les premiers présidents de la République ont été appelés « pères fondateurs » et qualifiés de « pères de la nation ».

Pour Léon Mba, ces qualifications sont curieuses. La première parce que le Conseil de gouvernement qu'il dirigeait avait opté pour la départementalisation. D'après le dernier gouverneur du Gabon, Louis Sanmarco, Léon Mba le « chargea » de la négocier avec le gouvernement français [5] ; après l'échec de cette tentative, il lui en a voulu de n'avoir pas obtenu cette départementalisation auprès du ministre de la France d'Outre-Mer, Cornut-Gentil [6]. L'ancien gouverneur relate qu'il entreprit la démarche persuadé « d'être reçu comme un triomphateur qui ajoutait une perle de plus à la couronne [mais fut] reçu comme un chien dans un jeu de quilles » [6].

Pour le gouvernement français, les temps avaient changé. Dans le nouveau contexte inspirant alors la politique de la France on peut notamment relever : la guerre d'Indochine qui s'est terminée avec les accords de Genève (1954) après la défaite du corps expéditionnaire français à Diên Biên Phu ; la conférence de Bandoeng (18-24 avril 1955) réunissant des pays d'Afrique et d'Asie qui a condamné le colonialisme et appelé à l'émancipation des peuples sous domination coloniale ; la guerre d'Algérie qui a éclaté en 1954 ; le Ghana, premier pays d'Afrique subsaharienne à accéder à l'indépendance le 6 mars 1957. Cette dernière était devenue une revendication de plus en plus exprimée en Afrique ; déjà dans l'espace sous domination française, la loi-cadre Defferre avait mis en place une politique dite d'autonomie interne. Dans un tel contexte, la départementalisation aurait constitué un recul incompréhensible.

A propos de la seconde qualification, tous les pays d'Afrique noire sont interpellés. Encore aujourd'hui, plus de cinquante ans après les indépendances, l'Etat-nation est une fiction.

S'agissant de ce mythe ainsi que des autres véhiculés par le discours officiel, il demeure que l'autocrate cherche à en tirer avantage ; il se construit une image tendant à assurer son autorité.

De fait, la mystification est étroitement liée à la personnalisation du pouvoir. Elle est véhiculée par diverses expressions traduisant un statut (par exemple ceux qui viennent d'être soulignés), une situation ou un programme d'action (généralement autour du développement).

Une autre mystification a eu de lourdes conséquences : l'unité nationale. Certaines constitutions énoncent qu'elle est incarnée par le président de la République : constitution du Burundi du 11 juillet 1974, article 22 ; selon cette constitution, le Secrétaire général du parti UPRONA devient président de la République, chef de l'État et du gouvernement ; constitution du Congo du 12 juillet 1973, article 36 ; du 25 avril 1975, article 6 ; constitution de Côte d'Ivoire du 3 novembre 1960, article 8.

La recherche de l'unité nationale a servi, comme le développement, à justifier l'institutionnalisation du parti unique. Le professeur Asso cite cette phrase du président Bongo: « Le PDG (Parti Démocratique Gabonais) est l'instrument du chef de l'État dans sa politique visant à réaliser l'unité nationale » [7].

L'instauration du parti unique, elle, a engendré, outre l'affaiblissement du parlement, la méconnaissance des libertés publiques : en particulier la liberté d'opinion, la liberté d'expression, la liberté de presse, la liberté de réunion et la liberté syndicale.

Dans le contexte politique ainsi créé, disposant d'une position prééminente tant au sein de l'exécutif que vis-à-vis des autres pouvoirs, le président africain se retrouve doté d'un ego démultiplié. Certains d'entre eux l'ont attesté à leur manière, souvent par une appellation, par exemple le Vieux, le Grand Camarade, le Combattant suprême.

2 Les causes de la gestion déficiente

Le contexte de l'accession à une indépendance plus ou moins réelle, généralement octroyée, conduit à mettre en exergue deux principales causes de la gestion déficiente : d'une part l'inexpérience, l'impréparation et les intrigues néocoloniales, d'autre part la « patrimonialisation ».

2 1 L'inexpérience, l'impréparation et les intrigues néocoloniales

Inexpérience et impréparation concernent les premières années des indépendances, encore ne convient-il pas de généraliser ni d'exagérer.

L'accession à la souveraineté internationale n'a-t-elle pas été trop rapide ? Mais dans quel laps de temps un peuple dominé est-il en mesure d'assumer son destin ? La réponse ne peut être unique. Comme le système de colonisation, le processus de décolonisation a été variable.

Dans l'Afrique noire sous domination française (AOF et AEF), ce processus a connu des étapes : représentation des territoires au sein des Assemblées françaises, autonomie interne c'est-à-dire décentralisation administrative à l'échelon des territoires puis indépendance à partir de 1960.

Peut-on prétendre que chacune des deux premières étapes ait constitué une préparation suffisante ?

En réalité, les événements y ont été rapides et le colonisateur, parfois non sans tâtonner, a été pris de court.

La guerre de 1939-1945 a été le premier événement majeur qui a ébranlé l'ordre colonial ancien. Elle n'est pas encore terminée que le général de Gaulle, chef de la France Libre, s'attelle à adapter la France impériale au monde nouveau. Cette adaptation a pour cadre la Conférence de Brazzaville (1944) destinée à dégager « la direction à imprimer à la politique coloniale française en Afrique, ainsi [qu'à] recueillir les avis sur la meilleure manière de réaliser dans la France de demain et notamment dans la constitution nouvelle que devra se donner le pays, l'intégration de l'Empire français » [8].

Aucun Africain ne prend part à cette conférence. Cadre de réflexion et non de décision, son objectif n'est pas de mettre fin à l'ordre colonial. On lit dans son programme général : « l'accession des Africains à la responsabilité nous amène naturellement à les placer peu à peu dans les institutions politiques d'ordre général où ils finiront par se trouver associés à la gestion de la chose publique dans leur pays […] S'il y a self-government, ce ne peut être qu'à la suite d'une évolution assez longue et sévèrement contrôlée » [9].

Si la durée de cette « évolution assez longue » ne fut pas déterminée, il ne fait aucun doute que les conférenciers de Brazzaville ne situaient pas à seize ans plus tard l'échéance de l'indépendance des colonies françaises d'Afrique, précédée d'une brève période d'autonomie interne.

L'évolution est amorcée avec la Constitution de 1946 : des parlementaires élus dans les territoires d'Afrique noire siègent au sein des Assemblées françaises. Ensuite, vient une période assimilable à une expérience de self-government avec la loi municipale du 18 novembre 1955 et la loi-cadre du 23 juin 1956, concernant respectivement une certaine décentralisation des communes et une déconcentration à l'échelon des territoires.

Si elle n'est pas négligeable, cette évolution est rapide et témoigne de l'accélération du cours de l'histoire. Elle permet de comprendre que sur le plan technique, économique, voire politique, la relève des colonisateurs ait été marquée par des handicaps : l'insuffisance des cadres locaux dans l'administration et les services techniques, leur absence dans certains domaines essentiels comme l'enseignement supérieur, un tissu économique très faible et entièrement dépendant, l'inexistence du secteur industriel.

Cette situation est dans la logique du système colonial. Jean Suret-Canale souligne que la politique coloniale en matière d'enseignement s'explique par une contradiction : d'une part « l'instruction est un mal nécessaire » [10], sa diffusion sera donc assurée au minimum en quantité comme en qualité ; d'autre part, elle sera dispensée afin de servir les intérêts de la puissance coloniale à tous les plans, culturel, politique, administratif, économique, militaire.

Au Congo belge, en Guinée espagnole et dans les « provinces portugaises » d'Afrique, la perspective d'évolution politique a été tardivement envisagée par les administrations coloniales de ces possessions. Ces administrations n'ont pas eu la lucidité de s'adapter au nouveau contexte international et, particulièrement africain, consécutif à la seconde guerre mondiale. La preuve en est que la Guinée devient « province » espagnole en 1959, trois ans après l'indépendance du Maroc et de la Tunisie, deux ans après celle du Ghana, alors que les territoires sous domination française de l'AOF et de l'AEF sont devenus autonomes en application de la loi-cadre du 23 juin 1956.

Dans l'ex-Congo belge, la mise en place quelque peu accélérée des institutions ainsi que les intrigues de la puissance coloniale soucieuse de sauvegarder ses intérêts expliquent la situation dramatique observée dans ce pays : crise institutionnelle, assassinat de Patrice Lumumba, coup d'État ont ponctué les premières années de son indépendance.

En Angola, au Mozambique, au Cap Vert et en Guinée Bissau, le processus de décolonisation a été réalisé au terme d'une guerre de libération suivie, dans les deux premières colonies ci-dessus citées, d'une guerre civile.

Dans ces colonies portugaises et espagnoles, l'enseignement, plus limité que dans l'Afrique sous domination française, n'avait pas permis de former des cadres nationaux en quantité suffisante pour remplacer ceux des puissances coloniales. Même dans les anciennes colonies françaises, il a fallu, des années durant, maintenir en place de nombreux conseillers techniques afin d'aider les nouveaux gouvernants dans les tâches d'administration.

L'on ne peut évoquer les processus d'accession à l'indépendance sans souligner les difficultés rencontrées par tel ou tel nouveau gouvernement africain en raison du sabotage organisé par les fonctionnaires de la puissance coloniale. Par exemple, les Français pratiquèrent la stratégie de la terre brûlée après que la Guinée, sous la conduite de Sékou Touré, eut voté « non » lors du référendum du 28 septembre 1958. « Les hauts fonctionnaires, *écrit Gérard Caplan*, détruisirent ou emportèrent tous les bureaux, classeurs et téléphones qui se trouvaient dans les bâtiments administratifs ; ils allèrent même jusqu'à faucher les ampoules » [11]. Au Mozambique, les colons et les hauts fonctionnaires portugais détruisirent bâtiments et infrastructures [11].

Si, face à la gestion des charges publiques, inexpérience, impréparation et sabotage peuvent être invoquées au moment de l'indépendance, il ne peut plus en être de même plus tard.

2 2 La « patrimonialisation »

Il importe de circonscrire ce travers, d'en présenter les principales manifestations et de tenter de l'expliquer.

1°) Le travers

Des auteurs ont déjà tenté d'expliquer la soif de richesse, la volonté de puissance dans les pays africains.

A propos du Cameroun, le professeur Medard [12] utilise le terme de néo-patrimonialisme. Car, celui de patrimonialisme inventé par Max Weber s'applique à d'autres situations, notamment en cas d'existence d'un État où l'autorité est traditionnelle et où domaine public et domaine privé se trouvent confondus. Le patrimonialisme présente deux caractéristiques : « le caractère personnalisé et particulariste du pouvoir et son essence économique » [13]. Il s'ensuit que les idées de Nation et d'État y sont plutôt abstraites et ne traduisent pas une réalité vivante.

Dans ce pouvoir, les relations personnelles tiennent un rôle important ; leurs bases sont diverses, les plus importantes étant les relations familiales et ethniques.
Dans le pouvoir patrimonial « ce n'est pas la richesse qui est source de pouvoir politique mais l'inverse, le pouvoir politique qui est source de richesse » [14].

« Le néo-patrimonialisme [lui] se moule dans une apparence institutionnelle qui lui est étrangère, car si la distinction entre le public et le privé est mise en avant officiellement, c'est seulement au niveau du vécu qu'elle est niée et vidée de son contenu […] Le pouvoir est d'abord recherché pour ce qu'il rapporte [...] [Il] devient alors un patrimoine privé d'origine publique » [15].

La différence entre États patrimoniaux et États néo-patrimoniaux, c'est que ces derniers « camouflent leur patrimonialisme » [15].

La situation dans d'autres pays africains n'est pas en tous points identiques à celle observée par le professeur Medard au Cameroun.

Certes, dans plusieurs de ces pays, le chef de l'État est aussi le principal agent économique. Dans le Zaïre de Mobutu, ce dernier, écrit Jean-Claude Willame est le « lieu où se concentre et se croise l'accès à toutes les ressources du pays » [16].

Mais, en général, le chef de l'État n'est pas un chef traditionnel. D'autre part, il n'est pas le seul à accaparer les richesses du pays ; il y a aussi son entourage, les autres détenteurs du pouvoir politico-administratif. S'agissant à nouveau du Zaïre, Jean-Claude Willame souligne encore que dans ce pays, « pouvoir et argent sont deux réalités indissociables ; être « chef » rend riche et être riche donne le droit d'être « chef » [17].

C'est pourquoi, compte tenu de cette différence, le terme « patrimonialisation » est utilisé dans nos développements. Il s'agit de l'intégration dans le patrimoine de l'individu, généralement sans contrepartie financière ou alors minime, de biens appartenant à une collectivité (souvent l'État) ou à d'autres individus. Ce peut être en temps de paix ou en période d'insurrection ou de guerre, notamment civile.

2°) Les manifestations

La « patrimonialisation » emprunte principalement les voies que sont « l'appropriation », la prédation, le détournement de fonds et la corruption.

« L'appropriation » est le fait de se comporter vis-à-vis d'un bien comme si l'on en était le légitime propriétaire ; ce peut être à titre provisoire mais souvent à titre définitif. Il peut s'agir d'une portion du domaine public (d'une rue, d'un trottoir, d'une place), d'un ou de véhicules, de meubles, etc.

Le terme prédation caractérise le prélèvement de matières premières opéré dans les pays africains [18] ou celui des deniers de l'État ou des entreprises publiques. Si elle est souvent le fait du chef de l'État, certains de ses proches peuvent en faire autant ou en profiter.

D'après le gendre de Mobutu, ce dernier voyageait toujours avec des attachés-cases (3 ou 4) contenant des liasses de dollars que les conseillers puisaient dans les caisses des sociétés d'État [19].

Dans le présent contexte, il y a détournement de fonds lorsque le dépositaire d'une fonction subtilise à des fins personnelles ou non des sommes d'argent d'une collectivité publique ou qui lui sont destinées ou appartenant à une entreprise.

Dans ce registre, on peut ranger les ventes à leur profit par des dignitaires de biens immobiliers ou mobiliers appartenant à l'État ou à une entreprise publique.

Selon Pierre Janssen, des ambassadeurs zaïrois vendirent l'immeuble abritant leur ambassade et empochèrent le produit de la vente [20] ; il relate également la vente de bateaux de la Compagnie maritime zaïroise (CMZ) [21].

La corruption n'existe pas seulement qu'en Afrique mais dans les pays industrialisés l'adoption de lois répressives à son encontre et surtout la forte probabilité entourant leur application font qu'elle y est réduite. Elle est répandue en Afrique et de nombreux pays y sont visés par l'ONG britannique Transparency international.

3°) Essai d'explication

Il ne s'agit pas de justifier la « patrimonialisation » mais d'essayer de dégager les ressorts qui peuvent être à son origine.

L'intérêt personnel est incontestablement lié à la frénésie de l'enrichissement, à la volonté de puissance ; chez le petit peuple, on peut y adjoindre le dénuement, la « débrouillardise ».

Ce travers peut placer la personne concernée dans une spirale quand interviennent le poids des charges, notamment familiales, le clientélisme et l'assistance (cette dernière a déjà été abordée) [22].

Le poids de la famille

Si le chef de l'État est le plus concerné, d'autres personnes de la société de consommation le sont également. De nos jours, au sein de la famille (au sens large), l'on a tendance à assumer ou à faire assumer les responsabilités comme autrefois. Or, les données, au sein de la société, ne sont plus exactement les mêmes.

Dans la société traditionnelle, les membres d'une même famille étaient fortement unis autour du chef de famille, organisateur de la vie de cette cellule sociale dans ses différents aspects : la mémoire du groupe, le relais avec les ancêtres, le travail, le lien avec le clan.

En effet, dans les sociétés bien structurées, la famille s'intégrait dans un clan, avec éventuellement au-dessus, une autorité centrale, diversement appelée, roi, chef, etc.

Dans ces sociétés, certes les besoins individuels existaient, mais l'activité des femmes et des hommes était dominée par la vie communautaire qui y était menée. Et pour celle-ci, le clan jouait un rôle primordial dû au fait que c'était lui le propriétaire de la terre.

Depuis la colonisation, plusieurs de ces données ont changé. Le propriétaire de la terre est officiellement l'État, colonial puis postcolonial.

Les autorités traditionnelles ont généralement disparu (rois et chefs de communauté) ; s'il en subsiste dans quelques pays (par exemple au nord du Cameroun), leur pouvoir est plutôt moral ou religieux, sans emprise sur l'activité administrative de leur contrée.

Certes, les ethnies survivent, ainsi que leurs strates, les clans et les lignages. En l'absence souvent de chef à leur tête, elles n'ont plus d'emprise profonde sur leurs membres. Elles ont une valeur culturelle ; elles présentent une référence sociologique. C'est grâce à ces entités sociologiques traditionnelles que l'Africain demeure un être intégré. Mais ces entités sont aujourd'hui fragiles.
Fragiles car l'autorité politique n'en émane point ; elles peuvent en être une résonance mais pas un fondement inéluctable.

Fragiles aussi à cause de la manipulation ou de l'utilisation qui peut en être faite en ces temps d'économie monétaire. Aujourd'hui, la satisfaction des besoins économiques n'est plus par essence peut-on dire collective, mais plutôt individuelle. En principe, l'adulte qui ne travaille pas ne peut satisfaire ses besoins.

Mais si telle est la tendance, la survivance de données de la société traditionnelle conduit à son inflexion.

D'abord, en raison de l'empreinte plus ou moins forte du lien parental : quelqu'un, le chef de famille - on l'appellera plutôt le patriarche - se trouve être en charge du groupe familial, ce qui suppose de sa part une surface financière confortable afin de faire face aux nombreuses sollicitations : scolarisation, éducation et entretien des enfants, voyages (les membres du groupe ne résidant pas nécessairement et en permanence dans la même localité), soins de santé, etc.

Ces charges sont d'autant plus importantes que tel ou tel membre du groupe familial qui ne travaille pas entend que le patriarche, disposant ou censé disposer de moyens financiers appropriés, subvienne, même ponctuellement, à ses besoins.

Une telle attitude est-elle expliquée, voire justifiée par la tradition? A vrai dire non, car la philosophie de la vie communautaire traditionnelle réside dans la complémentarité, la solidarité et l'entraide.

Le parasitisme, l'assistance, si répandus aujourd'hui, sont des travers de l'économie monétaire.

Le clientélisme

Comme l'étymologie le sous-entend, il désigne un rapport de clientèle entre un vendeur, un homme ou un parti politique et un acheteur, une personne qui peut être parent ou électeur ou les deux à la fois. Le soutien apporté au premier, le vote en sa faveur, est conditionnel. Ce dernier n'est pas la manifestation d'une concordance d'idées, d'une vision ou d'un projet de société, d'un programme. Sa contrepartie est financière, qu'elle soit directe ou indirecte, par exemple l'accession à une fonction, pour soi-même ou pour autrui.

La satisfaction de cette contrepartie exige du patriarche une surface financière sans cesse consolidée.

3 Les conséquences de la « patrimonialisation »

La « patrimonialisation » engendre des conséquences soit au niveau de l'État qui est notamment appauvri, soit au niveau de la société avec l'effacement, le rejet d'un certain nombre de valeurs ou principes.

3 1 L'appauvrissement de l'État et des entreprises publiques

La prédation des richesses (par exemple diamants, coltan, etc.), le détournement des fonds prélevés sur les caisses du trésor ou des sociétés d'État et des entreprises publiques ou encore auprès de la Banque centrale, ainsi que celui des aides internationales représentent pour ces entités des pertes énormes au détriment de la satisfaction des besoins de la population, en particulier des nécessiteux.

La corruption constitue une gangrène pour l'économie en raison des conséquences néfastes qu'elle entraîne : surplus des coûts de production, divers dysfonctionnements de l'appareil administratif, notamment des services sociaux aux dépens des populations vulnérables, retards, lenteurs, découragement des entrepreneurs honnêtes.

3 2 La mauvaise administration et la violation du droit

La « patrimonialisation » engendre des effets caractéristiques d'une mauvaise administration : occultation sinon rejet de valeurs, par exemple la probité, l'effort au travail, l'égalité entre les citoyens, le respect de la légalité.

Le droit, particulièrement, n'est pourtant pas une notion nouvelle dans la société africaine. Il est vrai que ses caractères dans la société précoloniale n'ont plus cours de nos jours.

Dans cette dernière, ces caractères particuliers concernent sa connexité avec la religion, le mysticisme voire son aspect divin, les sujets de droit, l'emprise sur l'individu.

Dans la tradition négro-africaine, le sacré, les génies (êtres surnaturels) entretiennent une relation étroite avec l'individu auquel ils peuvent procurer avantages (par exemple la fortune) ou imposer des obligations [23].

Dans cette société, les vivants ne sont pas les seuls sujets de droit, mais également les morts [24].

Si l'individu est ainsi sujet de droit, les dispositions juridiques qui le régissent ne l'emportent pas sur celles concernant la communauté ; celles-là ont tendance à être médiates.

Ce qui explique – la connexité avec le divin ou la religion aidant – la forte emprise de la société sur l'individu [25].

Dans l'Afrique postindépendance, la situation est différente à divers points de vue.

Le droit n'est plus sous l'influence des considérations religieuses, métaphysiques, de celle des ancêtres ou des génies. Les morts ne sont plus sujets de droit.

Les rapports société/individu sont fondés sur de nouvelles données. La société, dans tous les pays africains, est organisée en États dotés de constitutions, évoluant dans un contexte international dominé notamment par le respect du droit, du moins selon le discours officiel.

Les citoyens se voient reconnaître des droits autonomes.

Ainsi, dans ce contexte, le corpus juridique est caractérisé par l'existence d'un droit interne et d'un droit international. Le premier concerne un ensemble de règles juridiques se rapportant aux différents secteurs d'activités de la société. Gouvernants et citoyens doivent s'y conformer.

A ce niveau, surgit le problème. La fonction de régulation qu'assure le droit est plus ou moins acceptée. Lorsqu'il n'est pas favorable au gouvernant ou au citoyen le droit se heurte à l'ego ou à l'intérêt personnel ou partisan ; la tendance est alors de l'occulter, de ne pas l'appliquer.

Les maux précédemment évoqués ont une influence néfaste sur la santé morale de la population et en particulier des jeunes, dépourvus alors de modèles à imiter et susceptibles de les aider à bâtir un idéal.

Comme si l'enrichissement lié à la « patrimonialisation » – signifiant non rétribution équitable des ressources nationales – n'était plus toléré, et afin d'inciter à une bonne gouvernance, des ONG ont attrait en justice pour enrichissement sur le dos des populations de leur pays, trois chefs d'État d'Afrique centrale, Denis Sassou Nguesso, Omar Bongo Odimba et Théodoro Obiang Nguema Mbasogo.[26]

Notes

[1] Cette question sera abordée au chapitre IV.

[2] D-G Lavroff, *Les systèmes constitutionnels en Afrique noire. Les États francophones*, Pédone, Paris, 1976, p.56.

[3] B. Asso, *Le chef d'État africain-L'expérience des États africains de succession française*, Éditions Albatros, Paris, 1976, p. 197.

[4] Seydou Lamine, *Les princes africains.* Éditions Libres Hallier, Paris 1979, p. 17.

[5] L. Sanmarco, *Le colonisateur colonisé*, Éditions Pierre-Marcel Faure, Paris, 1983, p. 210.

[6] Idem, op. cit., p. 211.

[7] B. Asso, op. cit., p. 201.

[8] R. Bourgi, op. cit., p. 115.

[9] Extrait du programme général de la Conférence de Brazzaville (p. 13) reproduit par R. Bourgi, op. cit., p. 124.

[10] J. Suret-Canale, *Afrique noire-L'ère coloniale 1900-1945*, Éditions sociales, Paris, 1964, p. 474.
[11] G .Caplan, *L'Afrique trahie*, traduit de l'anglais (Canada) par Élodie Leplat, Actes Sud, Paris, 2009, p. 39.
[12] J.-F. Medard, « *L'État sous-développé au Cameroun* », *Année Africaine*, 1977, p. 67.
[13] Idem, pp. 68-69.
[14] Idem, p. 69.
[15] Idem, p. 68.
[16]J.C. Willame, *L'automne d'un despotisme*, Karthala, Paris, 1992, p.29.
[17] Idem, p. 28.
[18] Lire par exemple Colette Braeckman, *Les nouveaux prédateurs -Politique des puissances en Afrique Centrale*, Fayard, 2003 ; Xavier Harel, *Afrique pillage à huis clos - Comment une poignée d'initiés siphonne le pétrole africain*, Fayard, 2006.
[19] P. Janssen, op. cit., p. 176.
[20] Idem, p. 133.
[21] Idem, pp. 134-135.
[22] Voir supra, première partie, chapitre I.
[23] Lire *Sacralité, pouvoir et droit en Afrique*, notamment les pages 152 et suivantes. Éditions du CNRS, Paris, 1979.
[24] Idem, p. 153.
[25] Idem, pp. 154-155.
[26] Dans un arrêt du 29 octobre 2009, la Cour d'appel de Paris a déclaré irrecevable la démarche des ONG pour défaut d'intérêt.

Chapitre III

La promotion de la bonne gouvernance

« […] Le développement ne peut être assuré que s'il est d'abord et avant tout un processus axé autour des besoins et des intérêts des populations du continent. Qu'il puisse se produire en vase clos, nous en doutons, mais, aussi bien dans ses objectifs que dans ses modalités, il doit rigoureusement rompre avec l'extraversion » [1].

Edem Kodjo

En tenant compte des insuffisances constatées, la recherche de la bonne gouvernance concerne le politique et l'économique.

Les deux sont liés. Il y a deux décennies, l'on a mis l'accent sur le libéralisme économique ; mais le libéralisme politique, lui, - nonobstant les discours officiels - n'a pas eu les soutiens décisifs qui ont suscité et accompagné le premier.

Depuis 1990, des efforts de démocratisation sont réalisés avec plus ou moins de sincérité et de succès selon les pays. Sur l'ensemble du continent africain, l'espace réellement démocratique demeure encore étroit ; dans beaucoup de pays, notamment dans l'espace francophone, une démocratie dévoyée a été instaurée et maintenue.

Lorsque l'on observe le processus électoral, en particulier celui concernant la présidence de la République, l'on est conduit, s'agissant de plusieurs pays, à tirer deux conclusions au moins :

- la mise en place par les gouvernants au pouvoir, notamment les anciens dictateurs convertis malgré eux au pluralisme politique, d'institutions et de mécanismes destinés à assurer leur victoire et par conséquent, leur maintien au pouvoir ;
- l'intrusion de gouvernements étrangers en faveur d'un candidat.

Il importe donc d'aborder tour à tour la gouvernance politique et la gouvernance économique. A propos de chacune, la préoccupation est d'évoquer un certain nombre d'axes susceptibles, selon le cas, de favoriser, accompagner ou renforcer le processus de développement.

1 La gouvernance politique

Si l'on tire les leçons des observations qui viennent d'être faites, il faut, dans l'intérêt du processus de développement et de la cohérence sociale, réaménager l'environnement institutionnel vers les directions que sont le renforcement de la démocratie, de l'action administrative dans plusieurs domaines et l'appréhension de l'ethnie.

1 1 Le renforcement de la démocratie

Dans le monde occidental, la démocratie est définie comme le système politique qui permet le gouvernement du peuple par le peuple et pour le peuple. La formule est synthétique. Dans le concret, le système repose sur les notions de représentation et de responsabilité : le peuple considéré comme souverain désigne par l'élection des représentants chargés de la conduite des affaires publiques. Si ces derniers perdent sa confiance, le mandat qui leur a été confié cesse soit par la démission, soit par la désignation de nouveaux représentants.

Dans les années 1960 - 1970, notamment en Afrique, les dirigeants, en raison de l'interprétation faite de la notion de représentation, du statut et du rôle dévolu aux gouvernés ainsi que de la « mission » assignée aux gouvernants, prônaient l'existence d'autres types de démocratie : la démocratie populaire et la démocratie à l'africaine. La première a disparu avec les États socialistes en Europe de l'Est ; la seconde, dans plusieurs pays africains, a plutôt dégénéré en démocratie dévoyée que disparue avec la fin du parti unique.

Dans les pays à démocratie dévoyée, la situation est identique à celle de la Tunisie et de l'Égypte avant les soulèvements de l'année 2011. Les soulèvements intervenus dans ces deux pays, particulièrement en Tunisie, ont mis à nu un déficit démocratique longtemps occulté.

Aussi, partout où existe ce déficit, le renforcement de la démocratie est-il nécessaire.

Les éléments irréductibles du système démocratique de gouvernement sont :

- la constitution. Elle détermine le cadre juridique de fonctionnement des institutions, fixe les principes et règles à respecter par tous les acteurs de la société : principe de la séparation des pouvoirs, dispositions relatives à l'organisation du pouvoir dans l'État ; elle consacre les droits et garanties des citoyens, droits indispensables à leur rôle au sein de la société, dans leurs rapports entre eux ainsi qu'avec les pouvoirs publics ;
- les libertés. Elles constituent le gage de ce rôle. Il s'agit essentiellement de la liberté politique qui permet au

citoyen de participer au gouvernement de l'État par le choix des gouvernants. Sont également concernées les libertés individuelles, notamment celles grâce auxquelles le citoyen pourra assumer cette participation : les libertés de pensée, la liberté d'information, la liberté d'expression, la liberté d'association, la liberté de réunion, la liberté religieuse ;

– le pluralisme politique. Il permet de concrétiser ces libertés. Grâce à lui, par le jeu de la représentation, le citoyen sera en mesure de choisir les gouvernants ;
– l'alternance. Elle est la conséquence de la liberté de choisir les gouvernants exercée périodiquement par le citoyen. Elle constitue un indice sûr d'un processus électoral honnête, transparent ; cet élément fait défaut dans beaucoup de pays du continent.

Dans ces derniers, l'on a tendance à ne pas trop prendre en compte le rôle « déstabilisateur » de nombre de citoyens.

Dans les pays de vieille démocratie, le citoyen est conscient de ses droits et les exerce en toute liberté. Ce citoyen bénéficie des luttes passées qui ont conduit à des avancées dans le domaine de l'enseignement, à des conquêtes politiques devenues définitives, notamment la proclamation de la République avec toutes les conséquences qui s'ensuivent (la constitution, le suffrage universel, les libertés individuelles, les partis politiques), l'indépendance de la magistrature.

La situation est différente en Afrique où l'on observe certaines réalités spécifiques : on ne peut affirmer que certaines franges de la population aient conscience de leurs droits ou veuillent les exercer ; il en est ainsi des analphabètes dans le premier cas, dans le second des candidats à l'assistance intégrés dans un réseau de clientélisme. Parmi les citoyens lettrés et même parmi des leaders d'opinion, certains attendent une « intervention » de l'extérieur pour sortir de la démocratie dévoyée et accéder à la démocratie réelle.

Après les secousses sociales qui ont conduit au début des années 90 aux premières conférences nationales dans certains pays (Bénin 19 -28 février 1990, Gabon 27 mars - 19 avril 1990) [2], les Africains doivent retenir des soulèvements arabes en Tunisie et en Égypte en 2011 que des peuples africains peuvent, de manière autonome, entreprendre de vastes mouvements de revendications politiques et sociales.

Il convient alors de souligner l'importance de l'ancrage idéologique du citoyen.

La préoccupation, ici, n'est pas de présenter ou soutenir telle ou telle idéologie pour les pays africains ou pour les partis politiques qu'on y trouve.

L'activité démocratique devant être animée essentiellement par des partis politiques ainsi que par des citoyennes et des citoyens, sur la base d'idées précises servant à proposer un projet de société, il s'agit de souligner les handicaps qui peuvent les concerner.

L'un d'eux est l'absence de référence idéologique des partis politiques ; certains ont une assise ethnique ou régionale ou alors l'élément de convergence des adhérents est une personnalité, les deux situations pouvant se juxtaposer. Dans un tel contexte, le nombre des partis politiques est élevé.

L'autre handicap observable chez l'individu cette fois, surtout dans un tel contexte d'absence d'ancrage idéologique, est la « transhumance » c'est-à-dire le changement de parti politique, souvent au profit du parti majoritaire, parfois avec des avantages.

Une autre spécificité africaine est le clientélisme, c'est-à-dire le fait pour un parti politique ou une personnalité politique (celle-ci le fait souvent pour le premier) de se constituer une clientèle d'électeurs moyennant des avantages, par exemple financiers au profit de ces derniers. L'appartenance ethnique peut faciliter l'existence du phénomène ; le besoin d'assistance peut lui servir de terreau.

Ainsi, lors d'un scrutin, une frange plus ou moins importante d'une communauté ethnique, des villages entiers, des hommes et des femmes sensibles à la fibre ethnique ou régionale, ne se déterminent pas de manière autonome.

Toutes ces manifestations révélatrices d'une absence d'ancrage idéologique constituent des vices qui obèrent le fonctionnement de la démocratie dans nombre de pays africains.

Pour l'émergence d'un nouveau type de président africain

La tendance est largement répandue : l'exécutif constitue « l'élément moteur de toutes les grandes nations modernes » [3] quel que soit l'espace géographique ou l'orientation idéologique considérée.

En Afrique, depuis l'instauration du monopartisme, l'exécutif est incarné par le président de la République. Le rôle de ce dernier est donc capital dans la conduite des affaires du pays.

Il y a quelques années, le journaliste Atsutsé Kokouvi Agbobli rapportait qu' « à un homme d'État africain de ses amis avec lequel il discutait et qui désespérait du destin tragique des peuples africains », Jerry Rawlings, alors président du Ghana, souligna à son interlocuteur que « c'est une question de leadership » [4].

Au regard de ce rôle, surtout dans les pays francophones, la préoccupation essentielle est que son choix soit endogène.

A cette fin, la réunion d'un nombre minimum de conditions est indispensable : des partis politiques solidement structurés, dirigés par des leaders politiques décomplexés, épris d'indépendance et de progrès économique et social pour leur peuple, l'organisation d'élections réellement libres, transparentes, respectueuses du choix du peuple, une majorité de citoyens conscients de tels enjeux et décidés à les faire respecter.

En outre, Les mandats présidentiels doivent être de cinq ans au maximum et n'être renouvelés qu'une fois, ce qui suppose la fin des révisions constitutionnelles destinées à les modifier afin d'assurer le maintien au pouvoir du président en exercice.

De même, ne devrait plus avoir cours la mystification observée surtout avant 1990.

A propos de l'exercice du pouvoir, il y a lieu de rappeler la conception qui prévalait avant la colonisation : le chef, détenteur de pouvoirs était également soumis à des obligations à l'égard de ses subordonnés [5]. Ses objectifs n'étaient pas l'accaparement des richesses et l'enrichissement personnel ainsi que celui des personnes de son entourage, mais le progrès du pays, le bien-être et la prospérité de ses concitoyens.

1 2 Le renforcement de l'action administrative

L'action administrative concerne divers domaines qui ne peuvent tous être examinés ici. L'on s'attachera plutôt à souligner le nouveau cap à donner à l'intérêt général. En outre, parce qu'il s'agit là d'une indication significative de l'efficacité de cette action, des développements seront consacrés aux biens publics.

L'intérêt général

Dans les démocraties libérales, l'intérêt général correspond à la finalité de l'administration, satisfaire les besoins sociaux dans divers domaines.

Cette notion ne peut être neutre car son contenu dépend des choix effectués par l'administration. Cette dernière, de son côté, ne fait que mettre en application, par l'action administrative, les orientations du pouvoir politique.

A cause de ces interférences, il n'est pas étonnant qu'en Afrique, la satisfaction de l'intérêt général se heurte à plusieurs obstacles, ce qui entraîne généralement des dysfonctionnements.

En effet, à chacun de ces niveaux, politique ou administratif, les choix du gouvernant ou de l'autorité administrative peuvent être déterminés davantage par des préoccupations personnelles ou partisanes que par le souci de répondre aux besoins de la population.

Pour comprendre cette situation, il importe de souligner que l'État africain est, en général, dominé par une classe dirigeante, alliée à des possédants extérieurs et préoccupée par la sauvegarde de ses privilèges.

Certes, l'intérêt général ne se trouve pas formellement écarté mais sa satisfaction est en butte aux préoccupations personnelles ou sectaires des tenants du pouvoir politique et du pouvoir administratif.

Pierre Janssen écrit à propos des aides internationales :

« Mobutu et son entourage n'ont consacré à l'intérêt général qu'un infime pourcentage des aides internationales. Tout le reste, ils l'ont empoché » [6].

La satisfaction de l'intérêt général peut aussi être limitée, insuffisante, faute de moyens adéquats, en particulier financiers. Il en est ainsi, notamment, dans les domaines de l'éducation, de la santé, des infrastructures, de l'alimentation.

Une autre situation à évoquer est la satisfaction inégalitaire des besoins sociaux.

A cet égard, deux sortes de freins se dressent contre la satisfaction de l'intérêt général.

Le premier tient au fait que l'État africain, francophone du moins, a tendance à être un État très centralisé. La centralisation d'aujourd'hui est la suite de celle initiée par l'administration coloniale. Elle répond à une volonté de concentration du pouvoir politique pour deux raisons majeures : la conservation de ce pouvoir et l'accaparement des ressources du pays.

Il s'ensuit que la capitale, avec une administration aux effectifs pléthoriques, est bien souvent une mégalopole captant une grande part des investissements et des équipements sociaux indispensables à la satisfaction des besoins vitaux de l'ensemble de la population. Encore convient-il de distinguer entre les quartiers résidentiels aux habitations huppées et les quartiers périphériques où le petit peuple s'agglutine dans des habitations spontanées, précaires et plus ou moins enclavées [7].

D'autre part, il arrive que le gouvernant et, à sa suite, l'administration n'appréhende pas la société dans sa globalité ; dans la réalité, la satisfaction des besoins sociaux n'est pas assurée de manière égalitaire. Par exemple, bien souvent, la région et le village du président de la République reçoivent des investissements d'un montant inégalé dans les autres régions et localités du pays.

Un nouveau cap à imprimer à l'action administrative est possible à certaines conditions. L'une d'elles a trait à l'idée de participation : participation de la citoyenne et du citoyen, surtout au sein des collectivités décentralisées, au choix des dirigeants, ce qui n'est réalisable que dans le cadre d'une démocratie réelle ; participation des groupes sociaux fonctionnant en toute indépendance aux décisions les concernant.

Cette participation, à tous les niveaux, doit pouvoir, éventuellement, se traduire par l'alternance.

L'autre condition permettant de rendre perceptible l'intérêt général est l'existence d'un contrôle efficace de l'action administrative.

L'entretien et la sauvegarde des biens publics

Les biens publics sont très diversifiés quant à leur nature, aussi diversifiés que sont les secteurs d'intervention des collectivités publiques. Quel que soit leur mode d'acquisition, ils ont pour dénominateur commun leur finalité, la satisfaction de l'intérêt général.

Pour qu'ils répondent à cette finalité, il est indispensable qu'ils soient entretenus et protégés.

Parmi les causes principales à l'origine de la disparition ou de la destruction ou du défaut d'entretien des biens publics, on peut citer l'urbanisation incontrôlée, la négligence, l'inorganisation ou l'absence d'autorité des services compétents, la prédation et l'insuffisance des moyens d'entretien.

Dans les villes africaines, en particulier les capitales, les autorités administratives n'ont pas su répondre aux conséquences engendrées par l'exode rural. Ainsi, des habitudes ont été prises (construction des habitations sans alignement préalable, empiétement sur les trottoirs, jet de toutes sortes d'objets dans les canaux, les caniveaux) qui ne favorisent pas l'entretien ou la sauvegarde des biens du domaine public, qu'il soit terrestre, maritime ou fluvial.

L'inorganisation et surtout l'indiscipline contribuent à expliquer la désinvolture et le peu d'intérêt observés à propos de l'intégrité des biens publics.

Dans un contexte politico-social où les gouvernants ne donnent pas toujours l'exemple, la prédation, également observée à des échelons inférieurs de l'administration et d'une manière générale de la société, représente un obstacle majeur à la sauvegarde des biens publics.

Celle-ci serait mieux assurée si les détenteurs du pouvoir public donnaient l'exemple, dans le respect de la légalité, grâce à une organisation permanente du contrôle de l'action administrative et, au besoin, de la mise en jeu de la responsabilité des contrevenants.

1 3 La défense de la légalité

Le principe de la légalité doit être affirmé et surtout respecté par le gouvernant, l'autorité administrative et le citoyen. Dans les faits, ce respect est fluctuant en fonction des enjeux en présence, en particulier les intérêts du moment, l'ego.

Le respect du droit doit entrer dans les mœurs. A cette fin, outre la mise en place d'un système de protection de la légalité, il n'est pas inutile d'identifier les causes de la résistance qui lui est opposée.

Ce peut être son inadaptation, du moins pour une frange de la population. Dans cette hypothèse, la transgression du droit est consciente car il est considéré à tort ou à raison comme injuste, inadapté, contraire à la coutume ; tel est le cas de la défense de la polygamie, des règles traditionnelles de succession.

La fragilité de l'État, l'insuffisance de son autorité, peuvent constituer une autre cause de résistance à l'application du droit. Lorsque le citoyen est persuadé de l'impunité en cas de violation du droit, il s'affranchira volontiers de son respect.

Il s'ensuit deux préoccupations : l'élaboration et la sanction du droit. Trois conditions doivent caractériser la première. Une élaboration endogène est indispensable. Il revient aux autorités du pays (l'exécutif et le parlement notamment) de procéder à la confection des règles juridiques en associant, si nécessaire, selon les secteurs d'activités, les groupes d'intérêts concernés.

Il importe aussi que le droit élaboré soit en harmonie avec l'environnement socio-culturel sous deux aspects : l'aspect interne afin de prendre en compte toutes les particularités sociologiques, culturelles ; l'aspect externe à savoir les traités signés par l'État, les apports culturels extérieurs pourvu qu'ils aient été au préalable analysés et qu'ils soient acceptés avec intelligence.

La troisième condition concerne le droit en tant que facteur de progrès. La perception de la fonction du droit est importante au regard de son application. Il ne doit pas être un carcan mais un élément d'organisation de la société, un facteur de la promotion de l'homme.

Pour la défense du droit, sa sanction est indispensable. Le respect d'autres conditions est alors nécessaire. En premier lieu l'égalité de tous les citoyens devant la loi (au sens large) ; ce principe fondamental pose problème en Afrique, les gouvernants ayant tendance à passer outre.

Une autre condition est l'efficacité de la sanction prévue. Cette dernière n'a d'effet y compris dissuasif que lorsque l'on sait qu'elle sera appliquée. Sa mise en œuvre n'est pas automatique en Afrique pour diverses raisons : l'inertie ou la négligence des organes de répression, la corruption, l'esprit partisan.

En troisième lieu, il faut que soient mis en place des organes de protection et que leur fonctionnement soit assuré dans des conditions appropriées.

Dans les États africains, le système juridictionnel adopté est généralement celui de l'unité de juridiction. Ce système a été enrichi par la mise en place d'une juridiction constitutionnelle. Dans quelques pays (Bénin, Côte d'Ivoire, Gabon), un médiateur a été institué.

En résumé, l'action administrative est éventuellement censurée par :

- une juridiction constitutionnelle. D'ordinaire, celle-ci est compétente pour se prononcer sur la constitutionnalité de la loi avant promulgation. Il en est ainsi de la Cour constitutionnelle gabonaise en application de la loi organique n° 9/91 du 26 septembre 1991 [8], modifiée par celle du 2 juin 2003 [9]. Cette Cour peut aussi statuer, en vertu de l'article 84 de la Constitution du 26 mars 1991, sur « les actes réglementaires censés porter atteinte aux droits fondamentaux de la personne humaine et aux libertés publiques ». Faisant une interprétation hardie de cet article, cette Cour s'est déclarée compétente pour apprécier la régularité de tous les actes réglementaires [10];
- une juridiction administrative ou une formation spéciale du juge judiciaire qui connaît du contentieux administratif ;
- un médiateur qui intervient dans les pays précédemment indiqués dans les litiges entre l'administration et les administrés.

Dans le domaine du règlement des conflits entre gouvernants ou autorités administratives et administrés, les pays africains ne manquent pas d'institutions.

En la matière, trois principaux problèmes se posent souvent : la formation et par conséquent la compétence des magistrats, surtout l'indépendance de ces derniers vis-à-vis du pouvoir exécutif et la corruption.

De telles faiblesses peuvent conduire à l'absence de sanction. Sans celle-ci, le droit ne peut jouer son rôle régulateur.

1 4 L'aménagement d'une société plurinationale ou pluriethnique

Les pays d'Afrique noire, la Somalie exceptée, comptent au moins deux ethnies, plusieurs dans la plupart d'entre eux. Pourtant, leurs dirigeants ont opté pour le modèle de l'État-nation du fait de la représentation qu'ils se sont faite de l'État européen (alors que tous les États d'Europe ne sont pas des États-nations), particulièrement de l'État français.

Cette situation est à l'origine de la contradiction observée à propos de l'ethnie : absence de reconnaissance sur le plan juridique, donc existence de fait.

Comme elle constitue une donnée sociologique que l'on ne peut ignorer, particulièrement dans le contexte politique, une prise en compte de fait est envisagée : par exemple la « représentation » au sein du gouvernement, du Parlement, de la fonction publique s'agissant des fonctions de responsabilité dans certains corps, notamment les forces de sécurité.

Dans le même temps, l'ethnie est parfois vilipendée, prétendument rejetée au nom de l'unité nationale.

Au lieu de politiques et de comportements ambigus, il est préférable de chercher à appréhender cette réalité sociologique.

La recherche d'une solution est d'autant plus délicate qu'il faut se placer à l'échelon central et à l'échelon local.

Des approches ont été faites [11]. L'une d'elles est celle de Mwayila Tshiyembe [12]. L'ethnie étant une nation, l'État africain est multinational et son « principe de socialisation » est : « toutes les nations dites ethnies sont égales, elles jouissent de la même dignité et ont les mêmes droits » [13].

Il est certain que pour la refondation de l'État africain, l'appréhension de l'ethnie dans les champs politique et administratif est nécessaire, elle qui est la matrice du patrimoine culturel.

L'ethnie matrice du patrimoine culturel

Dans tous les pays africains, l'ethnie est et demeurera encore longtemps la matrice d'au moins un large pan du patrimoine culturel.

L'ethnie est la matrice des éléments premiers et déterminants de la personnalité que sont, on l'a vu [14], le nom et la langue vernaculaire.

Il en est de même des coutumes. Le droit moderne, implanté d'abord par l'administration coloniale, maintenue depuis lors, en fait bien souvent litière. Il reste que certaines présentent une capacité de résistance plus ou moins forte. Il en est ainsi de la polygamie reconnue dans certains États postcoloniaux, par exemple le Gabon et le Sénégal.

Tel est particulièrement le cas du mariage traditionnel qui est certainement l'institution coutumière qui résiste le plus au sein de la société. Le législateur sénégalais l'a légalisé [15].

L'ethnie est également la matrice du patrimoine artistique, notamment dans les domaines de la musique, de la sculpture et de la peinture. Certes, des personnes, par leur talent, ont créé ou créent mais un lien peut exister entre cette création et l'ethnie.

Dans le domaine musical, la langue sert parfois de véhicule à l'expression musicale. Certains instruments de musique comme le tam-tam ou le balafon, ont, par leur structure et leur utilisation un lien avec la communauté ethnique du fabricant ou de l'instrumentiste.

Le masque peut avoir un lien avec une danse, une société secrète ou initiatique spécifique. Tous ces exemples témoignent de la place de l'ethnie.

La prise en compte officielle de l'ethnie dans les champs politique et administratif

Élément fondamental de la personnalité de l'Africain, l'ethnie mérite une prise en compte qui puisse cadrer avec la société actuelle ; celle-ci y gagnerait en cohérence. Cette prise en compte, à rechercher notamment par les gouvernants, les sociologues, les juristes, les historiens, doit concerner en particulier les champs politique et administratif ainsi que le citoyen.

S'agissant des champs politique et administratif, il convient de se situer au niveau du pouvoir central et celui du pouvoir local.

« La participation à la construction de l'État à partir des structures géographiques nées du remodelage territorial autour du facteur ethnique, écrit le professeur Guillaume Pambou-Tchivounda, assure le brassage et la convergence des appartenances » [16] ; il cite Claudette Savonnet-Guyot, pour qui « l'ethnicité demeure le niveau peut-être le plus pertinent des relations politiques, qu'on s'en réjouisse ou qu'on le déplore » [17].

Le professeur Guillaume Pambou-Tchivounda suggère que la constitution mette en place un « parlementarisme à l'africaine », consistant en un système de « présidence tournante ». Chaque groupement ethnique exercerait le pouvoir exécutif pour une période déterminée (cinq ans par exemple) puis le céderait à tour de rôle à un autre groupe ethnique [18].

Cet auteur envisage deux hypothèses. Celle où le mandat du chef de l'exécutif et celui des parlementaires ont la même durée. Le premier, choisi entre deux candidats de la même ethnie, serait élu par les seconds à la majorité des voix.

Dans la seconde hypothèse, les mandats sont de durée différente. Chaque ethnie, dans une sorte de primaire, désigne son candidat à l'élection présidentielle, laquelle se déroule au suffrage universel.

Est-il nécessaire d'envisager la « présidence tournante » au niveau des groupements ethniques ? Les ethnies qui les composent ne vont-elles pas préférer prendre directement part à la rotation ?

D'autre part, l'ethnie étant, en général, localement implantée, il importe qu'elle participe aussi - et même d'abord - à la gestion de la collectivité locale qui correspond à ce socle sociologique.

Elle aussi ayant pour fondement la constitution, la construction proposée par Mwayila Tshiyembe est tout autre [19]. Elle vise à instaurer une démocratie africaine dans un cadre juridique déterminé, l'État multinational.

Selon lui, l'État africain doit être refondé à partir et grâce à cette spécificité africaine qu'est la nation c'est-à-dire l'ethnie, « à la fois une communauté culturelle et une société politique, historiquement attestée par la volonté de vivre ensemble, distincte de l'État et indépendante de lui » [20].

La pérennité de l'État multinational [...] « carrefour d'intégration de sa double dimension humaine à savoir les nations (sujet collectif) et les citoyens (sujet individuel) » [21] doit, selon cet auteur, reposer sur deux principes :

- « le principe de la double représentativité des nations (représentation nationale ou ethnique par la chambre des nations) et des citoyens (représentation citoyenne par la chambre des députés), en tant qu'entités distinctes » ;
- le principe de « divisibilité de la souveraineté ou la souveraineté partagée » [21]; ce principe doit consacrer « le partage qui se réalise soit au profit des nations et des citoyens sur le plan

interne, soit au profit des États souverains sur le plan externe » [22].

La construction proposée, envisagée principalement sous l'angle de l'appréhension de l'ethnie, se situe à trois niveaux : le niveau central et ceux que l'auteur qualifie de « macro-local » [22] et « micro-local » [22].

Au niveau central, comme il vient d'être indiqué, s'applique le principe de la double représentativité des nations, entendons des ethnies, avec le Sénat et celle des citoyens avec la chambre des députés ou Assemblée.

Au niveau « macro-local » (selon le cas, l'État fédéré, la région, la province autonome) Mwayila Tshiyembe propose un gouvernement et un parlement bicaméral permettant de traduire la double représentation de la citoyenneté et de la multi nationalité.

Au niveau « micro-local », il propose la réhabilitation des deux institutions du pouvoir traditionnel que sont le gouvernement et l'assemblée de la chefferie [22].

Cette dernière doit avoir le statut de collectivité territoriale décentralisée, par conséquent, la personnalité juridique et des compétences appropriées dans des matières ayant trait au développement local, notamment l'état civil, l'enseignement élémentaire, la santé primaire [22].

La construction proposée par Mwayila Tshiyembe convient davantage à un grand pays plutôt qu'à un pays de superficie modeste.

L'ethnie ayant une essence locale, on peut déplorer qu'elle soit, à travers la chambre des nations ou Sénat, propulsée dans l'organisation du pouvoir central.

D'autre part, la chefferie dite traditionnelle a-t-elle partout autorité et compétence afin de jouer un rôle dans le développement local ?

Dans les pays ayant une grande superficie, lorsque l'espace d'implantation de l'ethnie est suffisamment vaste et son vivier humain important, la faire coexister avec la collectivité décentralisée en vue du développement présente l’avantage d’associer les populations à cette stratégie. En effet, il convient d’envisager ensemble ethnie, décentralisation et développement local. Il est possible, ainsi, de parvenir à un développement local conséquent, en particulier dans les domaines ci-dessus cités auxquels il faut ajouter l’agriculture et l’assainissement.

La valorisation de la décentralisation doit être accompagnée d'une fiscalité locale appropriée, conçue dans l'intérêt des collectivités locales et si possible perçue par elles ; au besoin, la dotation budgétaire de l’État doit être élevée et ne pas se limiter au budget de fonctionnement.

Dans le graphique joint à son livre, Pierre Merlin montre la place étroite occupée par la décentralisation en Afrique noire alors qu'en Amérique latine et en Asie, elle est plus importante [23]. Il souligne qu'une véritable participation de la base aux conceptions comme aux décisions est l'un des moteurs essentiels du progrès [24].

Une autre préoccupation à ériger en politique constante de gouvernement est le développement harmonisé des collectivités infra-étatiques. Jusqu'à présent, et le constat est général, les capitales africaines sont devenues des mégalopoles avec d'un côté, le sous-équipement dans divers domaines (notamment les infrastructures en matière de circulation, les équipements scolaires, sanitaires, les logements socio-économiques) et de l'autre, une explosion démographique incontrôlée.

Le développement harmonisé des collectivités infra-étatiques, en particulier dans les secteurs mentionnés précédemment, ne peut que présenter des avantages car les conséquences attendues sont : la sédentarisation des populations assurées d'avoir à proximité les équipements liés au minimum vital, l'acceptation par les cadres des affectations à l'intérieur du pays, l'effet d'entraînement vers le développement notamment dans les domaines de l'agriculture, le retour au terroir des retraités qui, parfois, dans le contexte d'aujourd'hui, préfèrent, faute de mieux, vivre dans la capitale.

2 La gouvernance économique

Il y a une vingtaine d'années, Philippe Hugon observait que les interventions extérieures dans les économies africaines ont été plus marquées que dans celles des pays d'Asie ou d'Amérique latine. « Les politiques [y] ont été davantage subies que maîtrisées », *écrivait-il* [25].

Dans bien des pays, il en est encore ainsi. Une telle situation appelle une réorientation ; la meilleure est l'option en faveur d'une politique de développement endogène.

Dans tous les cas, le développement exige une implication décisive de l'État ; il importe donc d'évoquer son rôle. Mais beaucoup d'États du continent ne peuvent pas seuls le remplir efficacement ; pourtant, certains gouvernements ont proclamé que leurs pays disposeront d'économies émergentes à une échéance déjà déterminée.

2 1 Le choix d'une politique de développement endogène

Un tel choix ne doit pas être perçu comme un nationalisme irréfléchi à l'heure de la mondialisation. Comme l'écrit Mamoussé Diagne, « se développer [...] implique prise en charge et auto-position d'un sujet créateur et pas seulement bénéficiaire » [26].

Abdou Diouf, à l'époque premier ministre du Sénégal écrivait : « Il est indéniable qu'aucune société ne peut se développer harmonieusement si elle ne prend l'option de bâtir son développement sur ses propres valeurs de civilisation, et ne s'y enracine. Pour nous, Négro-Africains, cette idée est capitale » [27].

L'historien Ki Zerbo souligne que « l'endogène n'est ni un africanisme de plus, ni une néo-négritude. C'est un concept universel […] Le Nord aussi fait du développement endogène. Il ne fait même que cela ; si bien qu'il n'a pas besoin d'en parler » [28]. Il suggère de prendre en compte le précédent du Japon qui se distingue par une double stratégie de développement : l'ouverture à la civilisation industrielle occidentale et « l'attachement irréductible à sa civilisation endogène au cœur même des emprunts extérieurs » [29].

Au peuple africain de définir ses besoins dans les différents domaines de la vie sociale et d'entreprendre de les satisfaire.

A cette fin, il convient de rechercher les investisseurs adhérents aux projets définis mais aussi s'atteler, comme l'ont fait les Japonais et les Coréens du Sud par exemple, à la formation des ingénieurs, cadres, entrepreneurs et techniciens en mesure de définir, concevoir, exécuter plans et projets d'industrialisation, de faire fonctionner machines et appareils divers.

Cette orientation doit s'étendre à tous les secteurs d'activités, particulièrement les travaux publics, la santé, l'éducation, l'habitat, l'agriculture qui a besoin d'une mécanisation adaptée.

Une telle perspective exige de la part des Africains, gouvernants, parents et étudiants, de gros efforts, beaucoup de discipline et ce qui manque souvent, la ténacité, la confiance en soi et la solidarité.

L'accent doit être mis sur les efforts financiers. Aux Africains de compter davantage sur eux-mêmes, sur leurs ressources propres (ceci interpelle notamment les pays disposant de ressources minières, pétrolières), sur la gestion saine et transparente des deniers publics, sur l'incitation à l'épargne et à son organisation.

Le fait pour eux de compter d'abord sur eux-mêmes devrait entraîner et accroître la prise de conscience, motiver, susciter davantage la participation à l'œuvre commune.

Cette perspective sera d'autant plus vite et d'autant mieux réussie que deux conditions l'accompagneront :

- la coordination entre États de la région des politiques et des actions à entreprendre surtout dans les secteurs d'activités présentant un effet d'entraînement ; deux sont prioritaires : l'éducation, « le grand accélérateur du savoir, la grande source de richesse » [30] et la recherche scientifique ;
- l'intégration régionale et, au-delà, continentale.

Notre monde est celui des grands ensembles. C'est seulement dans un tel contexte que l'Africain, aujourd'hui plongé dans la mondialisation, peut être un citoyen actif, soucieux de participer à son destin au lieu d'être un homme résigné, subissant des politiques définies ailleurs, un consommateur des idées et des biens conçus sans lui.

2 2 Le rôle de l'État

L'État occupe une place dominante au sein de la société africaine contemporaine. Certes, depuis la fin des années 80, de nouvelles données, notamment les politiques de privatisation soutenues par les institutions financières internationales et les multinationales, ont contribué à réduire, par rapport à l'interventionnisme antérieur, ou dans certains pays, aux politiques inspirées du socialisme, l'espace de sa mainmise. Mais il demeure que son rôle est général.

L'État africain a diverses missions : il doit être le moteur du développement, l'artisan de l'intégration, le garant de la cohésion sociale et de l'intégrité territoriale.

D'autre part, dans une optique de justice sociale, il est nécessaire de l'interpeller, car, comme le souligne Jean-François Bayart « en Afrique comme ailleurs [il] est un lieu primordial de l'engendrement de l'inégalité » [31].

Même faible, endetté, il doit jouer un rôle de premier plan dans le domaine économique ; à lui de projeter les réalisations à moyen et long terme, d'impulser, de coordonner et d'assurer la défense des activités et intérêts du pays.

Boyla suggère, pour l'Afrique, le modèle de développement du Japon [32]. Rangé dans le camp occidental, ce pays, depuis la révolution Meiji de 1868, a suivi un modèle de développement différent des autres pays capitalistes.

Le premier levier de son modèle, « l'arme absolue » [33] est la communication. Il y existe une corrélation entre le développement de celle-ci et le développement économique, entre la démocratisation de l'information et le développement culturel. La collecte et le traitement de l'information permet de connaître tout ce qui se fait dans le monde, en particulier les produits fabriqués par les autres, de les reproduire, à tel point que commence ainsi le transfert de technologie.

Une autre particularité du modèle de développement japonais, d'après Boyla, est le rôle de l'État. Ce dernier est un acteur économique, « un entrepreneur collectif » [34], au même titre qu'une entreprise. Il impulse, joue un rôle moteur dans la marche de l'économie. Afin de se moderniser, il a procédé à des choix industriels précis. C'est lui qui, à partir de 1880, avait défini quatre secteurs stratégiques : les chemins de fer, les industries militaires, les chantiers navals et la sidérurgie.

Dans le domaine culturel, l'État japonais veille à l'amélioration constante des comportements des hommes (par exemple l'élimination des comportements anti-productifs), des entreprises et de l'administration (par exemple, la collecte de l'information, facteur de production au même titre que le capital, le travail et la nature).

Sans négliger les apports extérieurs, deux différences par rapport au Japon ne doivent pas être sous-estimées. Dès le début de sa révolution industrielle, le Japon s'était attelé à la formation de ses cadres de haut niveau. Ce n'est pas le cas en Afrique où l'on déplore plutôt une fuite des cerveaux. D'autre part, le continent comporte une multitude d'États ; leur concertation, leur groupement sont d'autant plus nécessaires, ce qui n'est pas toujours facile à réaliser.

Pour l'État africain, nous retenons cinq axes d'intervention, si possible à coordonner au moins sur le plan régional : la promotion et la défense des entreprises nationales, la programmation de projets régionaux, l'organisation du microcrédit, la politique à l'égard du secteur informel, la diffusion de l'information et le renforcement de la recherche scientifique.

La promotion et la défense des entreprises nationales

Mettre en place une stratégie commune, surtout à l'échelon des Communautés économiques régionales (CER), ne peut être que favorable au développement des pays concernés. En symbiose avec le secteur privé, elle peut viser des objectifs tels que : la promotion et la défense des PME et des entreprises nationales, l'élaboration de leur cadre juridique ainsi que la détermination des avantages à leur consentir, l'incitation à l'épargne, à la constitution d'une classe moyenne (objectif poursuivi par Forum Forbes Afrique) et, à terme, celle d'un capitalisme africain.

La promotion et le soutien des entreprises nationales et à propension régionale doivent conduire à la suppression des discriminations excluant les entreprises africaines, ce qui résulte parfois des avantages consentis aux entreprises étrangères. Paul K. Fokam donne l'exemple des clauses des marchés publics exigeant « une expérience internationale prouvée d'au moins dix ans ou [de présenter] un partenaire technique fiable » [35].

L'on ne saurait reprocher aux Africains de chercher à promouvoir et défendre leurs entreprises. Les tenants du libéralisme en font autant avec évidemment des moyens importants, que ce soit en période de crise ou non. Par exemple, des dirigeants de grands pays industrialisés voyagent à l'étranger avec leurs chefs d'entreprises.

La programmation de projets régionaux

En fonction des potentialités des États membres, les gouvernements des CER devraient initier, surtout encourager leurs hommes d'affaires à entreprendre des projets communautaires.

Les pays du bassin du Congo par exemple, peuvent tirer des avantages immenses de l'exploitation des sous-produits de la filière bois, tout en menant une politique de conservation des forêts, en particulier de reboisement.

La filière bois comporte plusieurs sous-produits dont les principaux sont : les chutes, les sciures, les copeaux, les farines et les écorces [36].

Ces pays peuvent se répartir la recherche et les applications industrielles concernant chacun de ces sous-produits.

La réussite de la politique de programmation de projets régionaux n'est possible qu'à certaines conditions :

- le déploiement d'efforts conséquents en matière d'infrastructures reliant les États concernés ;
- l'établissement de zones de libre-échange ;
- l'organisation de négociations groupées avec les bailleurs de fonds sur des thèmes précis, arrêtés de concert : les investissements, la réduction de la dette, « l'épée de Damoclès que l'Occident entend garder suspendue au-dessus des États africains, pour qu'ils ne s'avisent pas de bousculer l'ordre du monde et celui de la répartition internationale du travail » [37];
- l'élaboration de partenariats avec pour objectifs la formation ou la remise à niveau de cadres nationaux et les transferts de technologies, étant entendu qu'une politique de formation de hauts cadres est indispensable pour un réel développement. Il ne suffit pas de faire construire des usines ou de permettre l'installation de sociétés ; le développement ne sera durable et profitable aux pays africains que si, usines et sociétés, sont, même à terme, dirigées convenablement par des nationaux. Ces derniers sont bien placés pour réaliser, au besoin, les adaptations technologiques qui peuvent se révéler nécessaires, selon le cas, en raison de l'environnement physique (sols, roches, etc.),

climatique (pluviométrie, sécheresse, etc.) : par exemple, machines agricoles, besoins spécifiques ;

- la mise en place de dispositions sinon communes tout au moins proches sur les investissements étrangers. Ceci est salutaire s'agissant des matières premières produites par plusieurs États : les matières minières, le coton, le café, le cacao, etc.

Il revient aux gouvernements et aux cadres de tirer toutes les leçons d'un échec comme celui d'Air Afrique : gestion optimale (en excluant notamment laxisme et népotisme) ; contrôles engageant au besoin la responsabilité des personnes concernées, protectionnisme.

Sur ce dernier point, Julien Vercueil écrit : « [...] la première phase des décollages économiques de la Corée du Sud et de Taïwan repose sur une politique de protectionnisme sélectif » [38] ou encore : « la Chine [...] continue de protéger certains secteurs sensibles de son économie, à l'image de l'Union européenne, du Japon ou des États-Unis » [38].

L'organisation du microcrédit

Le microcrédit est un prêt de faible montant à un taux d'intérêt bas, parfois nul, consenti par un organisme approprié à une personne ou à une famille disposant de ressources limitées en vue d'une activité génératrice de revenus.

En Asie et en Afrique, il joue un rôle attesté dans le processus du développement. Le bangladais Muhammad Yunus, créateur de la Grameen Bank en 1976, a largement contribué à son succès et à sa prise en compte par les instances internationales (ONU, Banque mondiale).

En Afrique, fonctionnent aussi des organismes de microcrédit, parfois dans un cadre familial ou communautaire. Il y a, par exemple :

- le Trente-Quatre, micro-banque de développement rural, en abrégé MC2, que l'on rencontre dans les campagnes camerounaises et équato-guinéennes [39] ;
- les MUCODEC, des mutuelles d'épargne fonctionnant depuis 1984 au Congo ;
- le microcrédit est également implanté dans d'autres pays : Bénin, Kenya, etc.

Il est à encourager car il permet, dans les pays en développement, de réaliser des micro-projets dans des secteurs d'activités comme le commerce, l'agriculture, la formation ou la gestion d'entreprises, notamment en milieu communautaire [40].

La politique à l'égard du secteur informel

Le secteur informel est une expression inventée par les économistes du Bureau international du travail qui en ont assuré la vulgarisation vers 1972 [41].

Philippe Hugon le définit comme « un ensemble d'organisations à petite échelle où le salariat est absent (ou limité), où le capital avancé est faible, mais où il y a néanmoins circulation monétaire et production de biens et services onéreux » [42].

John O Igué et Bio G Soule distinguent deux types d'activités informelles : le secteur informel de service qui concerne ce que l'on nomme communément les petits métiers et le secteur informel d'échange « souvent étudié sous l'étiquette d'économie souterraine, d'échanges parallèles ou de contrebande » [43].

Le second secteur est peu étudié pour deux raisons : les difficultés d'investigation liées à sa nature clandestine et illicite ; il concerne quelques États dits États entrepôts, tirant l'essentiel de leurs revenus d'une économie parallèle, fortement structurée et dynamique. En Afrique de l'Ouest, répondent à cette classification, le Bénin, le Togo et la Gambie [44].

On a tendance à considérer que le premier type de secteur informel date de l'indépendance des États africains. Si l'expression apparaît à partir des années 70, la réalité est ancienne, antérieure à cette indépendance.

Ce secteur s'explique par la marginalisation d'un pan plus ou moins important de la société par rapport à l'activité économique organisée et soutenue par les pouvoirs publics. Trois questions se posent : comment a-t-il été engendré, faut-t-il le résorber et comment ?

Sans doute le contexte historique est différent d'une zone géographique africaine à une autre. L'Afrique occidentale a été, avant la colonisation, le théâtre d'échanges commerciaux notamment à travers le Sahara à partir de centres comme Tombouctou ou Djenné [45].

La monnaie telle qu'elle existe aujourd'hui était inconnue. Ce qui en tenait lieu ce sont les cauris ou d'autres équivalents.

L'économie de marché s'est développée avec l'administration coloniale. Les objectifs de cette dernière étant essentiellement économiques et commerciaux (écouler vers l'Afrique les produits manufacturés de l'industrie européenne et exporter vers l'Europe des matières premières ou des produits extraits localement), elle avait mis en place, à cette fin, une organisation dans les domaines administratif, économique et financier. Les Européens et leurs sociétés en étaient les bénéficiaires.

L'économie de marché fut ainsi établie au profit d'une frange déterminée de la population, soutenue par l'administration coloniale.

Les secteurs d'activités dans lesquels évoluaient les populations noires (commerces de détail, ateliers de réparation, etc.) ne s'inséraient pas dans une organisation pensée et soutenue par le pouvoir colonial avec ce que cela implique, en particulier la formation professionnelle préalable des acteurs, leur orientation vers tel ou tel secteur d'activité, la formation en matière de gestion, la réglementation générale par exemple en matière d'accès dans la profession, de déontologie, de retraite.

Les mesures prises à l'endroit de cette frange de la population étaient plutôt coercitives ou propices à la paupérisation : paiement de l'impôt, déplacement vers les centres de production des matières premières, travail forcé.

L'absence de réglementation a continué et perdure encore aujourd'hui. Ainsi, plusieurs corps de métiers ne sont pas organisés dans nombre de pays : coiffeurs, cordonniers, manucures, pédicures, commerce de détail, etc.

Il revient donc aux gouvernements africains de mettre en place des politiques qui leur permettent, d'une manière générale, d'assurer un contrôle sur leurs économies ; en ce qui concerne le secteur informel d'amorcer ensemble une évolution dans le même sens par les réglementations nécessaires, les structures d'insertion indispensables, les formations professionnelles appropriées, sans doute les aides et incitations convenables, etc.

L'objectif est de réduire progressivement la place du secteur informel et de mettre fin aux inconvénients qui lui sont reprochés : l'absence de formation adéquate des acteurs concernés, l'existence de conditions de travail inadmissibles, notamment l'exploitation des enfants, la soustraction au paiement de l'impôt.

La transmission de l'information et le renforcement de la recherche scientifique

Point n'est besoin de souligner la place de premier plan qu'occupent l'information et la recherche scientifique dans notre village terre.

Des efforts sont réalisés au sein des États ainsi qu'à l'échelle régionale et continentale en vue de la transmission de l'information. L'Afrique s'y implique au moyen des vecteurs ou des applications en usage (le numérique, l'internet, la téléphonie mobile, le satellite, la fibre optique véhiculée par des câbles sous-marins). Les handicaps sont variables selon les possibilités financières des pays ou des utilisateurs, selon la géographie (il y a des pays à façade maritime, d'autres en sont dépourvus).

Dans les domaines ainsi indiqués, les citadins, du moins ceux qui le peuvent, sont avantagés par rapport aux habitants des campagnes. L'orientation à imprimer est une plus grande couverture des pays et la généralisation de la communication.

En matière de recherche scientifique, l'accélérateur incontournable du progrès, le retard de l'Afrique est considérable. Dans l'Afrique subsaharienne, alors que la production scientifique était d'environ 1% au moment des indépendances, elle était tombée à 0, 3% entre 1990 et 2000 [46]. Cette situation n'est pas surprenante ; les dirigeants africains accordent trop peu de place à la culture et à la recherche scientifique.

Le président Léopold Sédar Senghor écrit : « Je le reconnais, depuis l'indépendance, nous avons eu tendance, nous Négro-Africains de langue française, à mettre le politique avant l'économique, et l'économique avant le culturel au lieu d'inverser l'ordre des termes, c'est-à-dire l'ordre des termes et des efforts » [47].

Voici ce qu'écrit de son côté Albert Tévoédjrè : « Je suis en mesure de témoigner que lorsqu'un pays devient indépendant, l'appréhension de sa situation culturelle est malheureusement laissée pour "plus tard" » [48]. Il ajoute, en guise de justificatif : « Il y a tant de choses qui pressent » [48].

Pourtant, au regard de plusieurs au moins de ces dernières, le fondement des actions gouvernementales à entreprendre devrait être la culture.

Albert Tévoédjrè donne l'exemple du Japon en écrivant : « La force du Japon, dans l'ensemble occidental, se situe d'abord dans sa résistance profonde et, selon moi, quasi définitive, à toute assimilation culturelle durable... ; malgré les gratte-ciels et les hôtels à l'américaine, la culture japonaise est une valeur d'usage pour tous et un élément essentiel des termes de l'échange ». Dans le pays du Soleil-Levant, l'on achète « japonais », *souligne-t-il,* et si l'on désire entrer dans le circuit commercial, il faut « accepter que la culture nationale revoie et corrige les inventions, les productions et leur présentation au public du pays. A cette condition seulement, l'échange est possible » [49].

Certes, depuis les indépendances, des initiatives ont été prises. Des universités ont été créées ainsi que des centres de recherches mais les crédits qui leur sont affectés, surtout à ces derniers, sont insuffisants dans un domaine d'activité qui exige d'énormes moyens structurels, matériels et financiers.

Force est de conclure que les dirigeants africains n'ont pas pris la mesure de l'importance de la recherche dans le processus de développement et, surtout lorsque l'on se place dans la perspective d'un développement endogène, le grand écueil qu'ils ont à surmonter est l'obstination dans l'état d'assisté.

Bonaventure Mvé Ondo observe que dans la société industrielle conduite par l'Occident « le savoir est désormais considéré comme une marchandise. A tel point que toute société qui ne produit pas du savoir scientifique et des objets techniques, fût-elle installée sur des puits de pétrole, est appelée à disparaître » [50], à tout le moins, à être marginalisée, à être constituée de citoyens qui n'ont qu'un statut, celui de consommateurs de produits venus d'ailleurs.

Le continent africain a pourtant des atouts afin de s'insérer dans le processus de production mondiale y compris scientifique.

Comme d'autres peuples l'ont fait avant eux, les Africains doivent procéder à un rapprochement avec leur culture traditionnelle, en extraire ce qui est positif et l'améliorer afin de la hisser au diapason de la science moderne.

Bonaventure Mvé Ondo cite des pays ou groupes de pays qui ont réussi cette « greffe » fécondante : l'Europe, le Japon, la Corée du Sud, le Brésil, l'Inde [51].

Des initiatives ont été esquissées dans ce sens ; il importe d'en élargir le champ d'action puis de dépasser la culture traditionnelle.

Dans quelques pays, le rapprochement des cultures a trouvé application dans la pharmacognosie. L'on y a sélectionné certains tradipraticiens afin de les y associer.

Dans cette optique, des structures de recherche ont été créées au Mali et à Madagascar.

De Vecchy cite l'exemple du Centre National du Mali qui regroupe la médecine africaine, la médecine chinoise et la médecine occidentale. Les malades y ont le choix entre les trois, les thérapeutes traditionnels reconnus exerçant sous la responsabilité du chef de poste médical [52].

Au Gabon, l'Institut de Pharmacopée et de médecine traditionnelle (IPHAMETRA) est un autre exemple de tentative de rapprochement entre savoir traditionnel (en l'occurrence les vertus des plantes) et recherche scientifique.

L'agriculture peut représenter un autre domaine de rapprochement des cultures traditionnelle et moderne : par exemple en vue d'améliorer le rendement de certaines cultures vivrières ou la mise au point d'un outillage approprié à ce secteur d'activité.

En outre, il importe que l'Afrique dépasse sa culture traditionnelle en empruntant au moins deux orientations :

- la première est l'évacuation de l'ésotérisme, d'une manière générale, de l'activité intellectuelle, à plus forte raison de la recherche scientifique ;
- l'autre est l'extension du champ des investigations en matière scientifique et le respect des règles et procédures qui s'ensuivent, en particulier le dépôt des brevets d'invention.

Ceci suppose une ouverture d'esprit et non pas le repli sur un monde à soi. L'anecdote suivante rapportée par un compatriote en témoigne. Lors de son hospitalisation dans une structure de la région parisienne, à la suite d'un accident, il avait un peu modifié l'appareil servant à suspendre son pied en lui imprimant un angle qui avait permis d'atténuer la douleur ressentie. Son voisin de chambre, un Français, lui ayant suggéré de déposer un brevet, il lui avait rétorqué: « laisse-moi tranquille avec vos histoires de Blancs ».

Les domaines de la recherche ne doivent pas être limités. En plus de la pharmacognosie et du secteur agricole, l'exploitation de l'énergie solaire, la production minière, forestière et la pétrochimie offrent d'autres domaines d'investigation. Et cette liste ne saurait être exhaustive.

Évidemment, se pose le problème des moyens. Dans les pays du Nord, la proportion des centres privés de recherche est plus importante que celle des centres relevant de l'État. En Afrique, comme dans d'autres secteurs d'activités, l'impulsion et la contribution des États sont indispensables, dans un premier temps. La réunion de leurs moyens constitue un gage de succès.
Pour eux, dégager un nouveau fonds culturel représente un point de départ fondamental en vue d'une profonde transformation des mentalités et des comportements. Elle est à conduire grâce à l'éducation que, fort justement, Daniel Etounga Manguelle place à la tête des quatre révolutions à conduire en Afrique [53].

Outre l'évacuation de l'ésotérisme, parmi les idées qui doivent servir de fondement à un système éducatif rénové, il convient de retenir :

- l'organisation et la modernisation des processus d'acquisition du savoir ; une place nettement plus importante que par le passé doit être faite aux matières scientifiques et techniques ;
- l'acceptation du renouvellement et si c'est nécessaire, la remise en cause de l'acquis ; ceci peut conduire, par exemple, à l'expérimentation, à

l'amélioration constante du processus de fabrication ou de production ;
- l'accès du plus grand nombre de citoyens au savoir.

En matière de recherche, la perspective devrait être l'harmonisation des projets, l'élaboration et la répartition concertées des structures et des programmes, par exemple à l'échelon d'une CER, étant entendu que les villes d'implantation des écoles inter-États devraient accueillir les centres de recherche afférents aux activités d'enseignement concernées.

Notes

[1] E. Kodjo, op. cit., pp. 284-285.

[2] A la différence de celle du Bénin, la Conférence nationale du Gabon ne fut pas souveraine.

[3] Club Jean Moulin, *L'État et le citoyen,* Éditions du Seuil, Paris, 1961, p. 323.

[4] Atsutsé Kokouvi Agbobli, *Jeune Afrique*, n° 1407-1408 du 23 au 30 décembre 1987, p. 62.

[5] A-C Robert, op. cit, p. 122.

[6] P. Janssen, op. cit., p. 177.

[7] Lire par exemple Jean Ngandjeu, *L'Afrique contre son indépendance économique ?* L'Harmattan, Paris, 1988, pp. 163-164.

[8] La loi organique n°9/91 du 26 septembre 1991, modifiée par la loi organique n° 13 du 17 septembre 1994, *HI* n°303 du 15 octobre 1994, pp. 145-151.

[9] *HI* n°475 des 13-27 septembre 2003, pp. 162-165.

[10] Lire sur cette question, Jean Zeh Ondoua, « *La répartition du contentieux des actes juridiques entre les juges constitutionnel et administratif au Gabon* », *in Afrique juridique et politique, La Revue du Centre d'Etudes et de Recherches en Droit et Institutions Politiques (CERDIP)*, Libreville, n° 1et 2, janvier-décembre 2008, pp. 78-103.

[11] Voir par exemple, T. Michalon, op. cit., pp. 73 et s., G. Pambou Tchivounda, op. cit., p. 95 et s.

[12] Tshiyembe Mwayila, *État multinational et démocratie africaine, Sociologie de la renaissance politique*, L'Harmattan, Paris, 2001, pp. 111 et s.

[13] Idem, p. 94.

[14] Voir supra, chapitre préliminaire.

[15] Voir le Code de la famille du Sénégal entré en vigueur le 1er janvier 1973.

[16] G. Pambou Tchivounda, op. cit., p. 97.

[17] Claudette Savonnet-Guyot, « *La communauté villageoise comme système politique* », *in R.F.S.P.* 1975, pp. 1112 à 1144, citée par G. Pambou Tchivounda, op. cit., pp. 98-99.

[18] G. Pambou Tchivounda, op. cit., pp. 97 et s.

[19] Tshiyembe Mwayila, op. cit., pp. 83 et s.

[20] Idem, p. 114.

[21] Idem, p. 119.

[22] Idem, pp. 119-120.

[23] P. Merlin, *Espoir pour l'Afrique*, Présence africaine, Paris, 1991, p. 455.

[24] Idem, p. 410.

[25] Ph. Hugon, *L'économie de l'Afrique*, Éditions de la Découverte, Paris, 1993, p.21.

[26] Mamoussé Diagne, « *Contribution à une critique du principe des paradigmes dominants* », p. 109 et s ; voir Ki Zerbo, *La natte des autres*.

[27] A. Diouf, « *Négritude et développement* » – *Colloque sur la Négritude*, Éditions Présence Africaine, Paris, 1972, p. 125.
[28] Ki Zerbo, *La natte des autres*, p. 2.
[29] Idem, p. 52.
[30] P-K Fokam, op. cit., p. 24.
[31]J-F. Bayart, *L'État en Afrique - La politique du ventre*, Fayard, Paris, 2006, p. 87.
[32] Boyla B, *L'Afrique à la japonaise : et si l'Afrique était mal mariée,* Éditions Nouvelles du Sud, Paris, 1995.
[33] Idem, p. 59.
[34] Idem, p. 92.
[35] P-K Fokam, op. cit., p. 107.
[36] S. Mounguengui, « *La recherche au service de la valorisation des sous-produits de la filière bois* », *L'Union* (Libreville), n° 10968, du 29 juin 2012, p. 5.

[37] C. Braeckman, *Les nouveaux prédateurs. Politique des puissances en Afrique Centrale*, Fayard, Paris, 2003, p. 210.
[38] J. Vercueil, *Les pays émergents- Brésil- Russie-Inde-Chine* …,2ème édition, Bréal, Paris, 2011, p. 130.
[39] P-K Fokam, op. cit., p. 129.
[40] S. Mbaye, *L'Afrique au secours de l'Afrique*, Les Éditions de l'Atelier/Editions Ouvrières, Paris, 2009, p. 91.
[41] John O Igue et Bio G Soule, L'*État-entrepôt au Bénin-Commerce informel ou solution à la crise ?* Éditions Karthala, Paris, 1992, p. 13.
[42] Ph. Hugon, *L'économie de l'Afrique*, Éditions La Découverte, Paris, 1993, pp. 65-66.
[43] John O Igue et Bio G Soule, op. cit., p. 13.
[44] Idem, p. 14.
[45] J. Suret-Canale, op. cit., p. 79.
[46] B. Mvé Ondo, *Afrique : la fracture scientifique*, Futuribles, Paris, 2005, p.11.

[47] L.S. Senghor, « *Problématique de la Négritude* » – *Colloque sur la Négritude*, Éditions Présence Africaine, Paris, 1972, p. 17.
[48] A. Tévoédjrè, *La Pauvreté richesse des peuples*, Les Éditions Ouvrières, Paris, 1978, p. 46.
[49] Idem, p. 48.
[50] B. Mvé Ondo, op. cit., p. 7.
[51] Idem, p. 50.
[52] H. de Vecchy, « *Les plantes médicinales traditionnelles. Un atout économique* », *HI* n° 3, avril 1981, pp. 17 et s.
[53] D. Etounga Manguelle, op. cit., p. 88. Les autres révolutions concernent la politique, l'économie et le social, pp. 96 et s.

Chapitre IV

Le nécessaire groupement des États africains

« [...] L'arme de destruction massive que nous pouvons opposer au sort calamiteux auquel notre continent paraît voué, c'est son unité ». [1]

Cheikh Hamidou Kane

L'époque où les petits États pouvaient être économiquement forts et disposer de la puissance est révolue. Ce n'est pas un hasard si les États de l'Union européenne, disposant déjà d'un potentiel humain, économique et industriel appréciable éprouvent la nécessité de se grouper afin de tenir un rang de premier plan sur la scène mondiale.

Dans le monde contemporain, pour être grand, un État doit réunir un minimum de conditions : une certaine dimension physique, un potentiel humain important, un dynamisme économique et technologique de haut niveau.

Le dépassement des États postcoloniaux est d'autant plus nécessaire que plusieurs d'entre eux sont petits pour prétendre, isolément, à un développement optimum. L'insuffisance des ressources humaines, l'étroitesse du marché intérieur notamment, les rendent économiquement faibles.

En Afrique, au plan des idées, la question du groupement a été débattue dans le cadre de deux courants, le fédéralisme ou le groupement par intégration, la coopération ou le groupement fonctionnel.

Le principal défenseur du premier courant a été historiquement Kwame Nkrumah, le président du Ghana. Il préconisait la formation immédiate des États-Unis d'Afrique avec un gouvernement continental, un marché commun africain, un Haut commandement africain. Son action politique avant et après la conférence d'Addis-Abeba de 1963, ses discours ainsi que son ouvrage, *L'Afrique doit s'unir,* tendaient vers cet objectif.

Cette préoccupation n'eut pas le soutien de la majorité des chefs d'État et de gouvernement lors de la création de l'Organisation de l'Unité Africaine (OUA) en mai 1963 [2]. Avait prévalu le courant fonctionnel ainsi caractérisé : souveraineté des États, coopération entre eux à travers des institutions.

Les politiques d'émergence soutenues dans certains pays méritent d'être appréciées par rapport à ces dernières.

L'on verra, à l'analyse que les économies émergentes répondent à certaines conditions qui ne sont susceptibles d'être réunies que par de grands États. Dans ce contexte, l'intérêt est de rechercher le groupement des États africains.

1 Les institutions créées

Elles sont continentales ou régionales. Les premières sont : l'OUA, devenue l'Union Africaine (UA).

Les institutions régionales ou Communautés économiques régionales (CER) sont géographiquement réparties : la Communauté des États de l'Afrique occidentale (CEDEAO), la Communauté économique et monétaire de l'Afrique centrale (CEMAC), la Communauté économique des États de l'Afrique centrale (CEEAC), le Marché commun d'Afrique australe et orientale (COMESA), la Communauté de développement de l'Afrique australe (SADC), la Communauté de l'Afrique de l'est (CAE).

Ont également été créées des organisations à caractère technique et des établissements d'enseignement (par exemple l'Institut africain d'informatique (IAI) à Libreville, l'École africaine des Métiers de l'Architecture et de l'Urbanisme (EAMAU) à Lomé).

La perspective de l'unité politique est envisagée mais à une échéance lointaine.

Toutes les organisations régionales qui viennent d'être mentionnées constituent des vecteurs en vue du renforcement des échanges intra-africains, avec pour objectif ultime le développement économique et l'insertion dans le commerce mondial.

En relation avec les Communautés régionales, la Commission de l'UA a élaboré, à leur intention, un programme minimum d'intégration (PMI), à savoir des projets et programmes à mettre en œuvre dans la perspective de l'intégration régionale et continentale. Les secteurs et activités retenus sont : le développement des infrastructures, le commerce, la libre circulation des personnes, la paix et la sécurité.

Au niveau continental, le traité d'Abuja en juin 1991, avait prévu la création de la Communauté économique africaine (CEA) à l'échéance de 2027 au plus tard.

Afin de hâter la marche de l'Afrique vers la croissance, deux plans d'action à cette échelle ont été proposés en 2000, l'un par les présidents Thabo Mbeki d'Afrique du Sud, Olesegun Obasanjo du Nigeria et Adel Aziz Bouteflika d'Algérie sous le nom de Millenium African Plan (MAP) ; l'autre fut proposé par le président Abdoulaye Wade du Sénégal sous celui de plan OMEGA.

Ils furent fusionnés l'année suivante au sommet des chefs d'État de Lusaka sous la dénomination de NEPAD, acronyme de New Partnership for African Development (Nouveau partenariat pour le développement de l'Afrique).

Les programmes et plans envisagés représentent des avancées mais divers problèmes sont à surmonter :

- y a-t-il toujours rationalité dans la construction des communautés ? On note que certains pays appartiennent à plus d'une. Cette dualité représente une dispersion des moyens financiers et l'on ne peut prétendre que les gouvernements concernés en disposent largement ;
- l'instabilité politique dans certains pays constitue un autre handicap non seulement pour le pays concerné mais également pour les autres, notamment ses voisins immédiats ; plusieurs inconvénients apparaissent face à une telle situation, en particulier le déplacement des populations, l'afflux des réfugiés, la fermeture des frontières ;
- l'insuffisance des ressources financières constitue un obstacle majeur sur la voie de l'intégration et de la croissance ;
- la dysharmonie entre les politiques de développement n'est pas le moindre frein à l'objectif prévu par les traités instituant les CER ;
- l'absence de diversification des économies représente un frein dans le renforcement des échanges intra-africains ainsi qu'avec le reste du monde.

Il convient de rappeler qu'au moment de l'indépendance, les pays africains héritent d'une structure déterminée de leur économie : celle-ci repose sur la production de matières premières, parfois une seule. Ces matières premières sont exportées vers l'ancien pays colonisateur.

Ainsi, au départ, l'économie est, peut-on dire, extravertie, ce qui explique le manque de complémentarité des économies des pays africains.

C'est pourquoi, les orientations suivantes leur sont indispensables : diversification des économies, recherche de complémentarité, transformation sur place des matières premières. Des projets sont envisagés dans ces directions ; par exemple la transformation locale du bois au Gabon, du cuivre et du cobalt en RDC.

L'objectif de complémentarité implique concertation, élaboration et mise en œuvre de politiques homogènes de développement. Les politiques d'émergence isolément proclamées sont-elles compatibles avec elles ?

2 Les politiques d'émergence

Ces dernières années, plusieurs présidents africains ont affirmé que leurs pays auront des économies émergentes à une échéance déterminée ; celle-ci est variable : 2035 pour le Cameroun, 2025 pour le Congo et le Gabon, 2020 pour la Côte d'Ivoire et la Guinée Équatoriale. Le Burkina Faso et le Sénégal, entendent eux aussi converger vers cette étape.

La démarche de ces présidents suscite des observations. Ceux qui précisent ainsi l'échéance prennent pour eux et leur pays rendez-vous avec l'histoire. Celle-ci aura à en juger le moment venu.

L'autre observation a trait à l'annonce unilatérale, au demeurant anticipée, de l'accession à l'économie émergente. Il n'en a pas été ainsi pour les pays pris comme exemples.

Le Néerlandais Antoine Van Agtmaël, économiste de l'International Finance Corporation, a été le premier, en

1981, à utiliser l'expression « marchés émergents » dans le souci d'inciter les sociétés américaines de placement à investir dans les marchés financiers de certains pays asiatiques. La suggestion fut suivie avec succès et donna lieu au développement de la notion d' « économies à marchés émergents ».

Dans les années 90, apparaît l'expression « économies émergentes ». L'intérêt financier des pays considérés n'est pas le seul pris en compte, mais l'ensemble de l'économie, caractérisée par une croissance rapide. D'après Julien Vercueil, les économies émergentes présentent quatre caractères communs [3] :

- revenus intermédiaires ; les revenus par habitant se situent entre ceux des pays les moins avancés et ceux des pays riches, soit « entre 10% (Inde) et 75% (l'Europe centrale émergente) de la moyenne de l'Union européenne (en parités de pouvoir d'achat) » ;
- dynamisme de rattrapage ; la croissance des économies émergentes a permis aux pays concernés d'atteindre des niveaux de vie comparables à ceux des pays occidentaux ;
- transformations et ouverture ; des transformations institutionnelles et structurelles ont permis aux pays à économie émergente de s'imposer dans l'économie mondiale. Ils participent de plus en plus aux échanges dans le commerce mondial. Certains investissent même à l'étranger.
- potentiel de croissance. Il est « important à moyen-long terme », note l'auteur.

Afin de prendre en compte non seulement l'économie mais également les autres aspects, notamment politiques et culturels, l'autre étape a consisté à dénommer pays émergents les plus importants des pays à économie émergente.

L'économiste de la banque Goldman Sachs, Jim O'Neill, les a désignés en 2001 par l'acronyme « BRIC » [4] ; il s'agit du Brésil, de la Russie, de l'Inde et de la Chine.

Paru pour la première fois dans un article, l'acronyme a été consacré comme réalité de la géopolitique contemporaine, d'abord par les chefs d'État des quatre pays concernés qui, en 2009, ont créé un « Forum des BRIC » appelé à se réunir annuellement afin d'aborder des sujets d'actualité et d'intérêt commun . L'acronyme a ensuite été adopté par l'Organisation de coopération et de développement économique (OCDE) qui a même procédé à son élargissement en incluant l'Afrique du Sud et l'Indonésie et adopté l'acronyme correspondant :
« BRIICS ».

Par la suite, la banque Morgan Stanley a proposé le retrait de l'Afrique du Sud en raison de sa taille économique et démographique jugée « faible » [5].

Aujourd'hui, depuis que le président de la Chine a invité son homologue d'Afrique du Sud à prendre part au Forum de 2010, c'est l'acronyme « BRICS » qui a fini par l'emporter.

Ce bref historique était nécessaire à la fois pour comprendre la genèse de cette réalité géopolitique et pour souligner qu'il ne s'agit pas, à l'origine, d'une auto-proclamation. La qualification de pays émergents résulte d'une analyse effectuée par des spécialistes, économistes ou banquiers.

La troisième observation concerne la rupture, a priori, de la solidarité qui devrait caractériser les pays membres des CER. L'intégration implique un développement harmonieux des pays membres de la même communauté.

Les gouvernements qui programment l'émergence de leur économie parviendront-ils isolément à surmonter les difficultés rencontrées par les membres des CER et soulignées plus haut ?

En principe, ces gouvernements sont astreints au respect du programme minimum d'intégration (PMI) mis en place par la Commission de l'UA (CUA) en collaboration avec les CER. Les dirigeants de tous les pays africains sont donc parties prenantes à ce programme. Les domaines de ce dernier qui ont été jugés prioritaires sont le développement des infrastructures, le commerce, la libre circulation des personnes, la paix et la sécurité.

Dans les autres domaines, le succès du projet commun d'intégration suppose l'harmonisation des politiques de développement.

La proclamation isolée des politiques d'émergence semble alors être un slogan de propagande interne.

L'union des pays africains à l'échelle des CER, mieux du continent, est l'une des conditions de l'émergence. Ce n'est qu'ensemble qu'ils pourront réunir les éléments indispensables au développement, à savoir en particulier :

- la dimension physique. Chacun des « BRICS » réunit cette condition. Certains pays africains, il est vrai, présentent, eux aussi, cette caractéristique ; ce n'est pas le cas de ceux dont le chef de l'État annonce le stade de l'émergence économique à un horizon déterminé ;
- la maîtrise des leviers de l'économie, particulièrement de la monnaie ; les gouvernements de l'espace francophone qui annoncent une économie émergente n'ont pas d'autonomie en la matière ; ils appartiennent à la

zone CFA (acronyme de Communauté financière d'Afrique) dont le franc est arrimé à l'euro ;

- la politique à adopter à l'égard des déséquilibres qui peuvent affecter des secteurs sensibles de la politique économique. A ce sujet, Julien Vercueil observe que dans les « BRICS », « les responsables nationaux ont [...] compris que l'émergence économique s'accommodait mal des déséquilibres persistants de certaines variables-clefs de la politique économique : l'inflation, les taux d'intérêt, le déficit des finances publiques, l'endettement de l'État [et] les soldes des échanges extérieurs » [6]. En l'absence de monnaie nationale, l'on ne peut ajouter la dernière préoccupation constatée par cet auteur, la surveillance des taux de change de la monnaie ;
- le potentiel humain. Bien des pays ayant programmé l'émergence ne disposent pas du potentiel humain caractérisant chacun des «BRICS» ; ce potentiel humain permet de disposer d'énormes capacités de formation adéquate des cadres et techniciens nécessaires à une économie émergente.

Dans l'étude qu'il a consacrée aux « BRICS », Julien Vercueil observe que « l'émergence peut conduire au développement, mais ne se confond pas avec lui » [7]. En considérant l'indice de développement humain (IDH) « composé du revenu moyen, de l'espérance de vie et du niveau d'éducation de la population » [8], les « BRICS » ont certes engendré des améliorations de leur situation, mais ils sont loin des niveaux auxquels sont parvenus les pays développés [8] ;

- la capacité défensive. L'émergence constitue un tout ; la capacité défensive est l'une des facettes d'un pays, comme l'économie, l'éducation, la recherche scientifique, etc.

Si l'on se réfère aux « BRICS », on constate que trois de ces pays sont des puissances nucléaires (la Russie, l'Inde et la Chine).

Les pays africains ont certes des armées mais leur capacité défensive, surtout isolément, est très faible. Si trois d'entre eux (l'Afrique du Sud, l'Algérie et l'Égypte) ont une industrie d'armement, la fabrication se limite aux armes légères.

Ainsi, il s'avère, à l'analyse, qu'il est peu probable que les pays qui proclament l'émergence de leurs économies y parviennent à l'échéance envisagée.

Il est d'ailleurs étonnant que ces pays qui sont membres de CER dont leurs dirigeants connaissent les objectifs d'intégration projettent isolément cette émergence.

L'observation du monde contemporain enseigne que pour les pays africains le chemin à emprunter en vue du développement est leur groupement. Les crises du Mali, de la RCA ainsi que les difficultés du gouvernement de la RDC d'asseoir son autorité sur l'est de ce pays témoignent de la fragilité des États africains.

Ces crises et le recours à l'extérieur (puissances européennes, ONU) afin d'y faire face devraient conduire les dirigeants africains à resserrer les liens entre eux.

3 A la recherche du groupement des États africains

Afin de réussir le développement, il est préférable que les actions des dirigeants africains, dans les domaines appropriés, s'inscrivent dans le cadre de trois orientations fondamentales : la culture, l'unité et la paix.

La culture représente un atout considérable pour les pays africains. Malgré une diversité indéniable, d'ailleurs source de richesse, ils possèdent un vivier culturel commun, facteur de rapprochement entre eux.

L'unité permet d'optimiser le développement car la plupart de ces pays ne présentent pas une taille physique suffisante pour prétendre isolément à cet objectif.

Seule la paix peut garantir la réussite d'un tel projet.

La culture

L'importance de la culture a été soulignée dans les pages précédentes. Son appréhension dans une perspective d'intégration doit se réaliser au niveau des structures où ce dernier objectif est envisagé : l'UA et les CER. Elle couvre divers domaines ; certains de ces derniers constituent des points de ressemblance avec les avantages qui y sont inhérents, en particulier l'harmonisation des législations et des réglementations qui s'y rapportent. Il en est ainsi des institutions relatives à la personne. Le parlement africain, par exemple, cantonné depuis plus de dix ans dans un rôle consultatif [9] pourrait légiférer sur certaines d'entre elles au moins, au besoin en les réformant, afin que les dispositions ainsi adoptées soient transposées dans le droit positif des États membres.

Dans d'autres domaines, un cheminement commun est profitable à tous, par exemple, en matière de culture démocratique.

Les secteurs de la culture à aborder sont la culture identitaire, les valeurs relationnelles, la culture démocratique, la culture du dialogue et la culture de l'effort et du progrès.

- La culture identitaire concerne plusieurs aspects. Nous avons indiqué que la linguistique classe les langues africaines en quatre familles en fonction de leur parenté. Ces langues, vecteur de premier plan de l'identité culturelle, doivent être revalorisées.

L'histoire passée et contemporaine constitue un autre volet de l'identité de l'Africain. Elle doit être enseignée dans les établissements scolaires et doit permettre de fonder ou renforcer, particulièrement chez les jeunes, cette identité. Jean Ping écrit :

« [...] pour savoir où l'on va et ce que l'on peut devenir, il faut nécessairement savoir ce que l'on est, c'est-à-dire d'où l'on vient et avec quelle histoire » [10]. De son côté, Anne-Cécile Robert souligne : « la fierté d'être soi a animé le développement de la plupart des civilisations et des cultures » [11].

- L'espace culturel africain est caractérisé aussi par des institutions relatives à la personne. L'on ne peut, ici, les répertorier toutes ; deux seront évoquées : le mariage selon la coutume et le lévirat.

Le mariage selon la coutume, légalisé au Sénégal, pourrait recevoir un cadre juridique minimum applicable aux pays d'Afrique noire.

Le lévirat est pratiqué dans quelques pays africains. Il fait parfois l'objet de critiques portant notamment sur l'absence de liberté de choix de la femme et le risque, pour celle-ci, de contracter des maladies, particulièrement le VIH [12].

Le lévirat présente l'avantage d'annihiler les conflits de succession. Le cadre juridique commun le concernant pourrait porter, entre autres points, sur sa subordination au consentement de l'homme et de la femme intéressés.

– Deux sortes de valeurs relationnelles sont à souligner. D'une part, le sens communautaire dont les composantes irréductibles, aussi bien dans les entités traditionnelles (la famille au sens large, le clan, la tribu, l'ethnie) que dans les nouvelles structures (associations, groupements divers) sont le respect de l'éthique commune, la solidarité et le partage. D'autre part, l'approche de l'autre y compris au sein du groupe familial. Certaines institutions présentent un rôle éducatif qui peut être liée à l'âge, par exemple l'initiation qui marque le passage de l'adolescence à l'âge adulte. D'autres institutions sont destinées à assurer l'aménagement harmonieux des relations avec autrui, par exemple, l'hospitalité.

- la culture démocratique. Elle est fondamentale et devrait « irradier » toutes les institutions de la société ainsi que les comportements des gouvernants et des citoyens. Elle seule est prometteuse d'un nécessaire renouvellement des équipes dirigeantes et de la marche de la société vers le progrès.
- la culture du dialogue, de la participation. Accessible grâce notamment à la précédente, elle lui permet, en retour, d'être vivifiée. Les deux et l'ego sont antinomiques, particulièrement l'ego démultiplié du chef de l'État qui entend être le seul initiateur de tout projet politique, économique ou social. Dans un tel système, il n'y a point de dynamisme mais plutôt de la léthargie. Le dynamisme et le progrès découlent de la pratique de la critique aux fins d'analyse, d'évaluation, éventuellement de réajustements.
- la culture de l'effort et du progrès. Point n'est besoin de préconiser l'effort à nombre d'Africains et surtout d'Africaines ; ils sont quotidiennement dans la peine, en particulier dans l'agriculture et, pour de nombreux hommes, dans les mines.

Malheureusement, d'autres, surtout avec une démocratie mal comprise, se plaisent à rechercher un mentor ou à s'attacher à un patriarche.

Dans tous les secteurs d'activités, qu'ils soient publics ou privés, la recherche du progrès devrait être une préoccupation constante. L'un des graves problèmes en Afrique, à l'origine de blocages sinon de régression dans l'administration et les institutions publiques, est l'inobservation des règles, normes, critères d'appréciation, facteurs de rendement, devant leur permettre de réaliser les objectifs poursuivis. En ne s'y conformant pas, le gouvernant et/ou le gouverné participent à leur dysfonctionnement, à leur échec plus ou moins prononcé.

L'un et/ou l'autre doivent se soumettre aux institutions, à leurs conditions de fonctionnement ainsi qu'aux règles qui les régissent et non pas chercher à s'en soustraire.

Enfin, partout, au moins dans les capitales et les chefs-lieux de province, le rôle de la culture doit être matérialisé par des activités et, afin d'organiser ces dernières, par des espaces appropriés.

L'unité

L'objectif de l'unité n'a pas enregistré de résultats à la hauteur des discours qui lui ont été consacrés par les dirigeants africains alors qu'ils auraient dû surtout en poser les jalons.

La politique de l'unité requiert une réflexion qui amène à sortir des concepts empruntés à d'autres espaces politiques et sociaux et qui conduit à la mise en place d'organes appropriés au contexte africain.

Kwame Nkrumah avait préconisé la création des États Unis d'Afrique il y a cinquante ans. L'attente a donc déjà été longue et risque encore de l'être. Pourtant, la conjoncture mondiale appelle au resserrement des liens entre États africains.

Aujourd'hui, en leur sein, les clivages et les dysfonctionnements demeurent et peuvent entraîner des effets néfastes. Au niveau de l'UA, l'on ne parle plus de « modérés » et de « progressistes ». Les États se répartissent maintenant entre « volontaristes », partisans d'une intégration accélérée menant à la construction immédiate des États-Unis d'Afrique et « gradualistes » qui entendent d'abord renforcer les CER.

La politique dite de l'émergence prônée par certains présidents peut être considérée, en théorie, comme un dysfonctionnement. Car, a priori, elle s'écarte de l'intégration qui implique la solidarité, la communauté des projets de développement, au moins leur harmonisation ainsi que la réunion des moyens ; l'ensemble constituant un gage de succès, un jalon vers l'unité.

Ces clivages ainsi que les freins et obstacles soulignés plus haut ne sont pas négligeables pour expliquer le retard de l'intégration.

Au sujet de la marche vers l'unité, le réalisme conduit à considérer que l'État postcolonial est, pour le moment, la première institution à construire et à sauvegarder. Il convient, en outre, de procéder, si besoin est, à sa refondation en ce qui concerne ses structures internes et ses missions. Pour les premières, les points d'intervention sont multiples, aussi multiples que les besoins, notamment en matière d'éducation, d'administration (centrale et décentralisée) et de sécurité. A leur propos, nous avons aussi mis l'accent sur l'ethnie ; elle doit être aménagée ou réaménagée avec intelligence, dans la concertation, afin qu'elle soit un facteur de cohérence identitaire au plan personnel et de cohésion, non pas de déstabilisation, au plan social.

Mais l'échelon de l'État postcolonial doit être dépassé ; sans doute, convient-il, dans cette perspective, par réalisme également, de prendre en compte les CER mises en place (plutôt la CEEAC que la CEMAC dont les États en font également partie).

A cet égard, trois écueils sont préoccupants. En premier lieu, figure l'absence de volonté des dirigeants. Si cette volonté existait, des obstacles auraient déjà été levés et l'on noterait davantage d'actions posées dans cette direction, ne serait-ce qu'au niveau des CER.

L'autre écueil, lié au précédent, est la micro-souveraineté. Elle constitue une difficulté qui tend à s'enraciner à défaut de la concrétisation de l'intégration. En un demi-siècle, un certain sentiment national s'est formé dans les différents pays ; il s'est déjà manifesté en diverses circonstances, en particulier sportives. Une partie du peuple malien en a témoigné. L'on remarque le même sentiment en RCA. Il est vrai qu'au Mali ainsi que dans les autres pays, comme le soulignent G. Rossatanga-Rignault et F. Enongoué, l'on observe, selon les circonstances ou les enjeux, la coexistence si ce n'est pas la contradiction entre ce sentiment national et la référence ethnique [13].

Le troisième écueil, sur lequel il faudra revenir plus loin, est constitué par la gouvernance de l'UA et des CER. A présent, il faut souligner que si le consensus peut se comprendre, mais systématiquement recherché dans un monde où la survenance des événements nécessite une décision rapide, il constitue plutôt un inconvénient dans le fonctionnement efficace de ces institutions.

Par ailleurs, ce qui frappe à l'évocation de l'unité africaine, c'est l'absence d'implication des populations. La crise du Mali a révélé, à un moment donné, qu'une partie de son peuple ne connaissait pas ou reconnaissait difficilement la CEDEAO. Examinons les liens tissés entre les deux.

Certes, il existe une monnaie commune dans certaines zones, par exemple le franc CFA ; il en est ainsi dans la CEDEAO. Certes, lors des élections présidentielles et législatives, en particulier dans la zone francophone, des observateurs de l'UA sont envoyés suivre leur déroulement. Ont-ils contribué ainsi à asseoir la démocratie ? L'impact de cette présence à cet égard n'est pas évident. Certes enfin, en cas de coup d'État, le pays concerné est suspendu de la CER et de l'UA jusqu'au rétablissement de l'ordre constitutionnel. Mais cette réaction des institutions panafricaines n'a pas empêché l'organisation de ces coups de force.

La situation est identique entre les autres peuples africains et les CER correspondantes.

La crise en RCA révèle une situation autrement grave caractérisée par des faits regrettables : le déphasage entre une partie du peuple centrafricain et les institutions africaines, l'hostilité à l'égard de ces dernières, la xénophobie à l'égard des citoyens d'autres pays africains, notamment du Tchad avec les conséquences qui s'ensuivent : rapatriements et déplacements des populations.

La paix

Elle est indispensable à la réalisation du développement. Lorsqu'on se réfère à la création du conseil de paix et de sécurité au sein de l'UA, il y a dix ans, de même qu'à d'autres initiatives, on constate que le problème de la paix a été examiné mais avec quelle efficacité ?

Dans l'optique de l'intégration sécuritaire, et afin de faire face aux divers conflits qui surgissent sur le continent, des brigades avaient été prévues dans chaque communauté, en application du concept Force en Attente Africaine (FAA). Il en est ainsi de l'Ecobrigade (ECOBRIG) dans la zone ouest (CEDEAO) et de la Force multinationale de l'Afrique centrale (FOMAC) dans la zone centre (CEEAC).

L'ECOBRIG, par exemple, compte, dans ses missions : la restauration et le maintien de la paix. Cette brigade aurait donc dû intervenir au Mali. Mais elle présente des insuffisances ; parmi elles : le délai de déploiement fixé à 30 jours, sauf en cas de génocide (il est alors ramené à 14 jours), l'absence de moyens de déploiement propres (ces moyens, notamment le transport aérien et maritime, proviennent des États membres, en particulier du Nigeria).

Que ce soit au Mali ou en RCA, les forces armées régionales, ont montré leurs limites.

Alors qu'il y avait urgence de refouler les groupes djihadistes du Nord du Mali, la force armée de la CEDEAO a été constituée avec une lenteur inadéquate par rapport à l'imminence du danger. La France a dû intervenir afin d'arrêter la progression des groupes djihadistes.

Une nouvelle force africaine, la Mission internationale de soutien au Mali (MISMA) a mis du temps pour être constituée.

Finalement, sans doute la complexité de la situation au Mali (la lutte contre les groupes djihadistes et les trafiquants de drogue, les revendications autonomistes), le souci d'efficacité, l'implication de la France et de l'ONU expliquent la transformation de la MISMA en Mission multidimensionnelle intégrée des Nations Unies pour la stabilisation au Mali (MINUSMA).

En RCA, la FOMAC a été mise en action ; ses forces ont été intégrées dans la Mission internationale de soutien à la Centrafrique (MISCA). Mais ici également, en raison de l'insuffisance des effectifs, du sous-équipement, des antagonismes d'origine politique, sociale et confessionnelle, l'ONU, la France et l'Union européenne ont dû s'impliquer.

Ensuite, le Conseil de Sécurité a adoptée le 10 avril 2014 une résolution autorisant l'envoi, à partir du 15 septembre suivant, d'environ 12 000 Casques bleus constituant la Mission multidimensionnelle intégrée de stabilisation des Nations Unions en RCA (MINUSCA).

A la date ci-dessus mentionnée, ils prendront la relève des soldats de la MISCA dont certains, après une sélection par l'ONU, seront incorporés au sein des Casques bleus.

Les soldats français ainsi que ceux des autres pays européens apporteront leur appui à la MINUSCA.

Le mandat de cette dernière qui comprend aussi des civils (administrateurs, ingénieurs, etc.) court jusqu'au 15 avril 2015.

Dans un État en reconstruction, ce mandat couvre la protection de la population et des secours humanitaires, le maintien de l'ordre, le soutien à la transition politique, le respect des droits de l'homme et l'arrestation des responsables d'exactions.

En examinant leur situation, les autres États africains comportent, avec plus ou moins de nuances, les mêmes caractéristiques que le Mali et la RCA avant la crise : davantage de fragilité que de solidité du pouvoir politique, notamment dans la zone francophone, plutôt administration civile inefficace que performante, sous-administration de certaines zones d' États en crise (par exemple l'Est de la RDC pendant son occupation par des mouvements hostiles au pouvoir central), puzzle sociologique dans la quasi-totalité d'entre eux, économie plus ou moins dépendante, capacité financière limitée. En ce qui concerne la capacité défensive interviennent en particulier, la taille de l'État, ses moyens financiers, l'expérience de ses troupes sur le terrain des opérations militaires (par exemple, pour cause de guerre civile, de conflit frontalier). Dans certains États, la situation est la suivante : sous-encadrement, sous-équipement, sous-entraînement ; dans d'autres États, les armées présentent, sur ces points, un meilleur état, leur faiblesse résidant, souvent, dans l'aviation et la marine.

A la suite des crises du Mali et de la RCA, la réunion des chefs d'État français et africains sur la paix et la sécurité en Afrique, à Paris, les 6 et 7 décembre 2013, a décidé de la mise en place en 2015 d'une force africaine d'intervention rapide, dans le cadre de l'UA.

Il sera intéressant, le moment venu, d'apprécier les mesures d'application qui compléteront l'architecture militaire ainsi envisagée, en particulier, la dimension de cette force, les États contributeurs en hommes, moyens logistiques et financiers, le lieu d'implantation du commandement, le seuil et les modalités d'intervention.

L'histoire récente au Mali, en RCA et au Sud Soudan, montre que les conflits peuvent avoir diverses origines : la prise du pouvoir par la force, les confrontations ethniques, confessionnelles, les velléités autonomistes, etc.

Des questions demeurent en suspens à propos de cette force dont la création est projetée, en particulier la prise des décisions.

En prendre dans un but sécuritaire, de maintien de la paix, à plus forte raison faire la guerre ou s'interposer entre des forces intérieures opposées sont autant d'actes politiques. Comment l'organe de commandement qui sera mis en place les prendra-t-il ? En concertation avec les États ? Lesquels ? Ces interrogations concernent également l'UA jusqu'à présent fragile et disposant de peu de moyens, notamment financiers.

Ces interrogations sont à rapprocher de certains évènements récents, notamment la lenteur dans la constitution de la force de la CEDEAO, la déliquescence de l'État centrafricain, l'implantation, depuis plusieurs années, dans l'est de la RDC de forces combattant le gouvernement central, le sauvetage de l'État malien par la France, l'intervention de cette dernière également en RCA, l'implication de l'ONU dans ces crises.

L'UA et les CER devraient tirer des leçons de tous ces évènements, en particulier de la fragilité de l'État africain ainsi que de la leur et de la micro-souveraineté. L'orientation la plus importante à retenir est leur restructuration. Dans un souci d'efficacité, afin de répondre aux exigences de notre temps, surtout en période de crise, il faut, pour ces institutions, un organe de décision sous l'impulsion d'un, de deux, au plus de trois États.

Une autre orientation est l'élaboration et l'exécution de projets communs ou complémentaires ; l'exemple est déjà fourni en matière d'infrastructures ; l'enseignement supérieur et la recherche scientifique pourraient représenter d'autres champs d'action.

Notes

[1] Cheikh Hamidou Kane, préface de *L'Afrique humiliée* d'Aminata Traoré, Bayard, Paris, 2008.

[2] Les pères fondateurs avaient signé la charte de l'OUA le 25 mai 1963. Le cinquantenaire de cette création a été célébré avec faste lors du 21e sommet de l'Organisation à

Addis-Abeba, entre les 22 et 27 mai 2013, dans un siège offert par la Chine.

[3] J. Vercueil, op.cit., pp. 9 et 10.

[4] Idem, p. 10.

[5] Idem, p. 11. L'Afrique du Sud a une superficie de 1 221 000 km2 et une population d'un peu plus de 50 millions d'habitants.

[6] J. Vercueil, op. cit., p. 133.

[7] Idem, op. cit., p. 137.

[8] Idem, p. 138.

[9] G-C. Ossagou, « *Parlement panafricain : quels objectifs ?»* Journal *L'Union* (Libreville), n° 10971 du mardi 3 juillet 2012, p. 3.

[10] J. Ping, op.cit. p. 11.

[11] A-C Robert, op. cit., p. 114.

[12] Les visites médicales ne sont pas spécifiques à cette institution.

[13] G. Rossatanga-Rignault, F. Enongoué, *L'Afrique existe-t-elle ? A propos d'un malentendu persistant sur l'identité*, Éditions DIANA, Paris-Raponda-Walker, Libreville, 2006, pp. 34 et s.

Conclusion

Parmi les données fondamentales du monde contemporain, il convient de retenir que la puissance ne peut être détenue que par de grands États du fait de leur dimension physique, de leur potentiel humain, de leur importance économique et technologique, de leur capacité militaire.

La plupart des États africains sont loin de réunir ces conditions. Il revient alors aux Africains de se doter des éléments de la puissance. Sans doute, le premier réflexe est de rejeter la fatalité ou le déterminisme. Eux aussi peuvent se hisser à des niveaux de développement comparables à ceux auxquels sont parvenus d'autres peuples. Le constat suivant de l'ancien président de la Commission de l'Union africaine, Jean Ping, doit aider à en prendre conscience et contribuer à les inciter à adopter un autre cap : « Il y a à peine 50 ans, *écrit-il*, l'Asie (Japon excepté) était encore dans une situation désespérée de sous-développement comparable à la nôtre. La famine avait alors un nom, la Chine, la misère s'appelait l'Inde [...]. La Corée du Sud avait un niveau de développement inférieur à celui du Kenya, de la Côte d'Ivoire ou du Ghana. Aujourd'hui, ce petit pays asiatique s'est hissé au 11ème rang des puissances économiques mondiales » [1].

Aux dirigeants africains si sollicités [2] en ce début du XXIème siècle de commencer à assurer le développement de leur continent.

Dans le processus de ce développement, surtout que, dans les discours, il est qualifié « durable », la prospective est indispensable. La création, à Dakar, de l'Institut Panafricain de Stratégies constitue donc une initiative heureuse.

N'est-il pas également souhaitable qu'ils déterminent leur modèle de développement ? Car, dans la recherche du progrès matériel, il est préférable qu'ils aient deux préoccupations constantes. La première valeur à atteindre et à sauvegarder est l'homme. La valeur humaine doit toujours être présente dans les inventions et/ou leurs applications ainsi que dans les actions des gouvernements et des administrations. Cette valeur renferme diverses composantes: la dignité, la sécurité qui présente plusieurs facettes (physique, sanitaire, alimentaire, professionnelle, etc.), la liberté.

La seconde préoccupation est la conservation et la transmission aux jeunes générations de leurs propres valeurs, notamment les valeurs relationnelles.

Ces préoccupations sont intéressantes dans un monde où beaucoup de personnes considèrent l'argent et le confort matériel comme les seules valeurs à rechercher.

Le modèle économique construit dans cette seule perspective engendre les conséquences sociales néfastes que sont le chômage, les inégalités de salaires, de situations sociales, la pauvreté et la marginalisation d'une frange plus ou moins importante de la population avec la désespérance qui s'ensuit.

Que ce soit dans le contexte d'un nouveau modèle ou non, le processus de développement doit s'appuyer, comme il a été indiqué précédemment, sur la prospective. Celle-ci doit tendre, dans le cadre d'objectifs déterminés, en fonction d'étapes choisies, d'entreprendre et conduire les réformes ainsi que les actions dans les différents domaines d'activités. Une place primordiale et permanente doit être réservée à certains de ces domaines parce qu'ils ont un effet formateur ou entraînant. Il en est ainsi particulièrement des infrastructures [3], du système éducatif, de la santé et de la recherche scientifique.

En vue de la concrétisation des actions dans tous les domaines d'activités, se pose la question cruciale de la gouvernance. L'expérience passée et surtout récente a révélé les insuffisances des États africains ainsi que celles de l'UA et des CER. Il faut souligner, à ce propos, que toutes les formules adéquates de gouvernance de ces institutions exigent de la part de ces États un certain abandon de souveraineté. Le dépassement de l'État postcolonial est donc nécessaire afin de parvenir à une formule qui garantisse aux institutions panafricaines davantage de pouvoirs, de moyens, notamment financiers et militaires.

Elles pourront alors entreprendre des actions perceptibles et profitables aux citoyens africains et cesseront d'être, pour ces derniers, des institutions lointaines, cantonnées à régir un ordre plutôt international.

Notes

[1] J. Ping, *Et l'Afrique brillera de mille feux*, L'Harmattan, Paris, 2009, p. 20.

[2] A en juger par les rencontres Afrique/ Chine, Inde, Japon, Brésil, France, États-Unis, Union européenne.

[3] Les projets retenus par le Programme de développement des infrastructures en Afrique (PIDA) constituent des exemples intéressants. Voir *Jeune Afrique*, n° 2692-2693 du 12 au 25 août 2012, pp. 26 et s.

GLOSSAIRE

CER	Communauté économique régionale
HI	Hebdo Informations, journal gabonais d'annonces légales
JORG	Journal officiel de la République Gabonaise
OUA	Organisation de l'Unité Africaine
RCA	République centrafricaine
RDC	République Démocratique du Congo
UA	Union Africaine

Annexe
Les langues officielles des États d'Afrique noire

Afrique du Sud : anglais, afrikaans, ndébélé, xhosa, zulu, sotho du nord, sotho du sud, swali tsonga, tswana, venda
Angola : portugais
Bénin : français
Botswana : anglais, tswana
Burkina Faso : français
Burundi : français, kirundi
Cameroun : français, anglais
Cap Vert : portugais
Centrafrique : français
Congo : français
Côte d'Ivoire : français
Djibouti : arabe, français
Érythrée : tigrinya, tigré, anglais, italien
Éthiopie : langue de travail du gouvernement l'amharique ; les langues éthiopiennes sont reconnues
Gabon : français
Gambie : anglais
Ghana : anglais
Guinée : français
Guinée Bissau : portugais
Guinée équatoriale : espagnol, français, portugais
Ile Maurice : français, créole mauricien, anglais
Kenya : swahili, anglais
Les Comores : shikomor, arabe, français
Lesotho : sesotho, anglais
Liberia : anglais
Madagascar : malgache, français, anglais
Malawi : anglais, chichewa
Mali : français

Mozambique : portugais
Namibie : anglais ; reconnues : afrikaans, allemand, kwanyama
Niger : français
Nigeria : anglais
Ouganda : swahili, anglais
R.D.C. : français, langues nationales : lingala, kikongo, swahili, tchiluba
Rwanda : kinyarwanda, français, anglais
Sao Tome et Principe : portugais, créole, français
Sénégal : français, langues nationales : ouolof, peul, sérère, mandingue, soninké, diola
Sierra Leone : anglais
Somalie : somali, arabe
Swaziland : anglais, siswati
Tanzanie : kiswahili, anglais
Tchad : français, arabe
Togo : français
Zambie : anglais
Zimbabwe : anglais, ndébélé, shona

Bibliographie

I. Ouvrages, thèses

AGONDJO-OKAWÉ (Pierre-Louis), *Structures parentales gabonaises et développement*, thèse pour le doctorat d'État, Paris, 1967.
ALAIN, *Propos sur l'éducation*, PUF, Paris, 1963.
AMSELLE (Jean Loup), M'BOKOLO (Elikia), (sous la direction de), *Au cœur de l'ethnie, Ethnie, tribalisme et État en Afrique*, Éditions de la Découverte, Paris, 1999.
ASSO (Bernard), *Le chef d'État africain - L'expérience des États africains de succession française*, Éditions Albatros, Paris, 1976.
BAYART (J-F), MBEMBE (A), TOULABAR (C), *Le politique par le bas en Afrique noire - Contributions à une problématique de la démocratie*, Kharthala, Paris, 1992.
BAYART (J-F), *L'État en Afrique - La politique du ventre*, Fayard, Paris, 2006.
BERNAULT (Florence), *Démocraties ambiguës en Afrique centrale*, Éditions Karthala, Paris, 1996.
BERND HEINE et DEREK NURSE, (sous la direction de), *Les langues africaines,* Éditions Karthala, Paris, 2004.
BONTE (Pierre), IZARD (Michel), (sous la direction de), *Dictionnaire de l'ethnologie et de l'anthropologie*, QUADRIGE/PUF, 3e édition, Paris, 1991.
BOURGI (Robert), *Le général de Gaulle et l'Afrique noire 1940 -1969*, LGDJ, Paris, 1980.
BOUTROS-GHALI (Boutros), *Les conflits de frontières en Afrique,* Éditions Techniques et Économiques, Paris, 1972.

BOYLA (Baenga), *L'Afrique à la japonaise : et si l'Afrique était mal mariée,* Éditions Nouvelles du Sud, Paris, 1995.
BRAECKMAN (Colette), *Les nouveaux prédateurs. Politique des puissances en Afrique Centrale*, Fayard, Paris, 2003.
CAPLAN (Gérald), *L'Afrique trahie*, traduit de l'anglais (Canada) par Élodie Leplat, Actes Sud, Paris, 2009.
CHEIKH ANTA DIOP, *L'Afrique noire précoloniale*, Présence africaine, Paris, 1960.
CHEVALLIER (Jacques) et LOSCHAK (Danièle), *Introduction à la science administrative*, Dalloz, Paris, 1974.
Club Jean MOULIN, *L'État et le citoyen*, Éditions du Seuil, Paris, 1961.
Colloque sur la Négritude, Présence Africaine, Paris, 1972.
Conférence des ministres de l'éducation des États d'expression française - CONFEMEN, Promotion et intégration des langues nationales dans les systèmes éducatifs : Bilan et inventaire. Librairie Honoré Champion, Éditeur, Paris, 1986.
CORNEVIN (Robert), *L'Afrique noire de 1919 à nos jours*, PUF, Paris, 1973.
COURADE (Georges), (sous la direction de), *L'Afrique des idées reçues*, Éditions Belin, Paris, 2006.
DAVIDSON (Basil), *Les Africains, Introduction à l'histoire d'une culture*, Le Seuil, Paris, 1971.
DIAKITE (Tidiane), *L'Afrique malade d'elle-même*, Karthala, Paris, 1986.
DIALLO (Mamadou Lamine), *Les Africains sauveront-ils l'Afrique ?* Éditions Karthala, Paris, 1996.
DIANE (Charles), *La FEANF et les grandes heures du mouvement syndical étudiant noir,* Éditions Chaka, Paris, 1990.

DJÉRÉKÉ (Jean-Claude), *L'Afrique refuse-t-elle vraiment le développement* ? L'Harmattan, Paris, 2007.
DUMONT (René), *L'Afrique noire est mal partie*, Éditions du Seuil, Paris, 1962.
EBOUSSI BOULAGA (F.), *Les conférences nationales en Afrique noire*, Éditions Karthala, Paris, 1993.
ERNY (Pierre), *L'enfant et son milieu en Afrique noire. Essais sur l'éducation traditionnelle.*, L'Harmattan, Paris, 1987.
ETOUNGA MANGUELLE (Daniel), *L'Afrique a-t-elle besoin d'un programme d'ajustement culturel ?* 4e édition, Éditions Nouvelles du Sud, Paris, 1991.
FANON (Frantz), *Les damnés de la terre*, Éditions La Découverte, Paris, 1987.
FERNANDEZ-ZOILA (Adolfo), *Les complexes*, PUF, « Que sais-je ? » n° 1673, Paris, 1993.
FOKAM (Dr Paul), *Et si l'Afrique se réveillait ?* Les Éditions du Jaguar, Paris, 2000.
GABOU (Alexis), *Les constitutions congolaises*, 1984, LGDJ, Paris, NEA, Dakar, Abidjan, 1984.
GALBRAITH (Welch), *L'Afrique avant la colonisation*, traduit de l'anglais par Étienne Bolo, Fayard, Paris, 1970.
GAULME (François), *Le pays de Cama. Un ancien État côtier du Gabon et ses origines*, Éditions Karthala-CRA, Paris, 1981.
GLELE (Maurice-A), *Naissance d'un État noir*, LGDJ, Paris, 1969.
GLELE-AHANHANZO (Maurice), *Introduction à l'Organisation de l'Unité Africaine et aux Organisations régionales africaines*, LGDJ, Paris, 1986.
GONIDEC (Pierre-François), *Les systèmes politiques africains – Deuxième partie. Les réalités du pouvoir (Politiques intérieures-Relations internationales)*, LGDJ, Paris, 1974.

GONIDEC (Pierre-François), *L'État africain*, LGDJ, Paris, 1985.
GUILLAUMONT (Patrick), *Économie du développement*, tome 1, PUF. Paris, 1985.
HAREL (Xavier), *Afrique, pillage à huis clos. Comment une poignée d'initiés siphonne le pétrole africain*, Fayard, Paris, 2006.
Histoire générale de l'Afrique, tome IV, du XIIème au XVIème siècle, Unesco/NEA, Paris, 1985.
HOLAS (B.), *Les dieux d'Afrique noire*, Librairie orientaliste Paul Geuthners, Paris, 1968.
HUGON (Philippe), *L'économie de l'Afrique*, Éditions La Découverte, Paris, 1993.
JALEE (Pierre), *L'impérialisme en 1970*, Petite collection Maspero, Paris, 1969.
JOHN-NAMBO (Joseph), *Les enjeux de la construction de l'État au Gabon*, thèse pour le doctorat d'État, Paris, 1991.
John O IGUE et BIO G SOULE, L'État-entrepôt au Bénin - Commerce informel ou solution à la crise ? Éditions Karthala, Paris, 1992.
JANSSEN (Pierre), *A la cour de Mobutu*, Éditions Michel Lafon, Paris, 1997.
KABOU (Axelle), *Et si l'Afrique refusait le développement ?* L'Harmattan, Paris, 1991.
KI- ZERBO (Joseph), *Histoire de l'Afrique noire*, Hatier, Paris, 1972.
KI-ZERBO (Joseph), *A quand l'Afrique ?* Éditions de l'Aube, 2003. Paris.
KI-ZERBO (Joseph), (sous la direction de), *La natte des autres - Pour un développement endogène en Afrique*, CODESRIA Dakar, Karthala, Paris ,1992.
KODJO (Edem), *Et demain l'Afrique*, Stock, Paris, 1985.
LATOUCHE (Serge), *L'autre Afrique- Entre don et marché*, Albin Michel, Paris, 1998.

LAVROFF (Dimitri Georges), *Les systèmes constitutionnels en Afrique noire. Les États francophones*. Pédone, Paris, 1976.
LEVIS-STRAUSS (Claude), *Anthropologie structurale*, Plon, Paris, 1974.
MANDELA (Nelson Rolihlahla), *Un long chemin vers la liberté*, Le Livre de poche, Paris, 1994, traduit de l'anglais (Afrique du Sud) par Jean Guiloineau, Fayard, Paris, 1995.
MBAYE (Sanou), *L'Afrique au secours de l'Afrique*, Les Éditions de l'Atelier/Éditions Ouvrières, Paris, 2009.
MBEMBE (Achille), *Sortir de la grande nuit-Essai sur l'Afrique décolonisée*, La Découverte, Paris, 2010.
M'BOKOLO (Elikia), *Afrique noire - Histoire et Civilisations*, tome II, XIX-XX siècles, Hatier-AUPELF, Paris, 1992.
MBUYI MIZEKA (Alfred), *L'intelligence cognitive du jeune enfant d'Afrique noire,* L'Harmattan, Paris, 2001.
MBUYI MIZEKA (Alfred), *Le Noir africain contemporain à la recherche de son identité ?* Éditions Plublibook, Paris, 2012.
MERLIN (Pierre), *Espoir pour l'Afrique noire*, Présence africaine, Paris, 1991.
MERLIN (Pierre) *L'Afrique peut gagner*, Éditions Karthala, Paris, 2001.
MICHALON (Thierry), *Quel État pour l'Afrique ?* L'Harmattan, Paris, 1984.
MICHEL (Serge) et BEURET (Michel), *La Chinafrique - Pékin à la conquête du continent noir*, Éditions Grasset, Paris, 2008.
MONGO BETI, *Dictionnaire de la négritude*, L'Harmattan, Paris, 1989.
MVÉ ONDO (Bonaventure), *Afrique : la fracture scientifique*, Futuribles, Paris, 2005.
NGANDJEU (Jean), *L'Afrique contre son indépendance économique ?* L'Harmattan, Paris, 1988.

N'GBANDA NZAMBO KO ATUMBA (Honoré), *Ainsi sonne le glas - Les derniers jours du Maréchal Mobutu,* Éditions GIEPPE, Paris, 1998.

NGUÉMA (Isaac), *Le nom dans la tradition et la législation gabonaise (Essai de droit coutumier ntumu),* thèse pour le doctorat d'État, Paris, 1969.

NUTTIN (Joseph), *La structure de la personnalité*, PUF, 5 ème édition, Paris, 1980.

NZE-NGUEMA (Fidèle-Pierre), *L'État au Gabon de 1929 à 1990. Le partage institutionnel du pouvoir,* L'Harmattan, Paris, 1998.

OWONA (Joseph), *Droit administratif spécial de la République du Cameroun*, EDICEF, Paris, 1985.

PAMBOU TCHIVOUNDA (Guillaume), *Essai sur l'État africain postcolonial*, LGDJ, Paris, 1982.

PING (Jean), *Mondialisation, paix, démocratie et développement en Afrique : l'expérience gabonaise.* L'Harmattan, Paris, 2002.

PING (Jean), *Et l'Afrique brillera de mille feux*, L'Harmattan, Paris, 2009.

RAPONDA WALKER (André), *Remarques sur les noms propres gabonais*, fascicule inédit.

RASHIDI (Runoko), *Réflexions et voyages sur les traces de l'Afrique dans le monde*, traduit de l'anglais par Zawadi SAGNA, Éditions DAGAN, Achères, 2012.

RÉMONDO (Max), *Le droit administratif gabonais*, LGDJ, Paris, 1987.

ROBERT (Anne-Cécile), *L'Afrique au secours de l'Occident*, Les Éditions de l'Atelier/Les Éditions Ouvrières, Paris, 2006.

ROSSATANGA-RIGNAULT (Guy), *L'État au Gabon, Histoire et Institutions*, Éditions Raponda Walker, Libreville, 2000.

ROSSATANGA-RIGNAULT (Guy), ENONGOUE Flavien, *L'Afrique existe-t-elle ? A propos d'un malentendu persistant sur l'identité,* Éditions DIANOÏA, Paris, Raponda-Walker, Libreville, 2006.

Sacralité, pouvoir et droit en Afrique, Éditions du CNRS, Paris, 1979.

SANMARCO (Louis), *Le colonisateur colonisé*, Éditions Pierre-Marcel FAURE, Paris, 1983.

SEYDOU (Lamine), *Les princes africains*, Éditions Libres Hallier, Paris, 1979.

SMITH (Stephen), *Négrologie-Pourquoi l'Afrique meurt ?* Hachette Littératures, Paris, 2006.

SURET - CANALE (Jean), *Afrique noire - L'ère coloniale 1900 1945*, Éditions sociales, Paris, 1964.

SY (Seydou Madani), *Recherches sur l'exercice du pouvoir politique en Afrique noire (Côte d'Ivoire, Guinée, Mali)*, Pedone, Paris, 1965.

TEMPELS (Révérend Père Placide), *La philosophie bantoue*, Présence africaine, Paris, 1965.

TERRAY (Emmanuel), (sous la direction de), *L'État contemporain en Afrique*, L'Harmattan, Paris, 1987.

TÉVOÉDJRÈ (Albert), *La pauvreté, richesse des peuples*, Les éditions ouvrières, Paris, 1978.

TÉVOÉDJRÈ (Albert), *Le bonheur de servir*, Archipel, Paris, 2009.

THEBIA-MELSAN (Annick), (sous la direction de), *Aimé Césaire, le legs, « Nous sommes de ceux qui disent non à l'ombre »*, Argol, Paris, 2009.

THURAM (Lilian), *Mes Étoiles noires - De Lucy à Barack Obama*, Les Éditions Philippe Rey, Paris, 2010.

TIÉROU (Alphonse), *Le nom africain ou langage des traditions*, G.-P. Maisonneuve et Larose, Paris, 1977.

TRAORÉ (Aminata), *L'Afrique humiliée*, Fayard, Paris, 2008.

TSHIYEMBE Mwayila, État *multinational et démocratie africaine, Sociologie de la renaissance politique*, L'Harmattan, Paris, 2001.
VERCUEIL (Julien), *Les pays émergents - Brésil - Russie - Inde - Chine*...2e édition, Bréal, Paris, 2011.
WILLAME (Jean-Claude), *L'automne d'un despotisme*, Éditions KARTHALA, Paris, 1992.
YAGLA (Wen'Saa Ogma), *L'édification de la nation togolaise*, L'Harmattan, Paris 1978.
YAKEMTCHOUK (Romain), *L'Afrique en droit international*, LGDJ, Paris, 1971.
YAMEOGO (Hermann), *Repenser l'État africain. Ses dimensions et prérogatives*, L'Harmattan, Paris, 1993.
ZIEGLER (Jean), *Main basse sur l'Afrique - La recolonisation*, Éditions du Seuil, Paris, 1980.

II. Articles

ANDEME ALLOGO (Marie France), « *Les langues maternelles et /ou nationales dans la vie de la République gabonaise et la pratique «du tout français* », *L'Union* (Libreville), n° 10879 du lundi 12 mars 2012, p. 6.
BOURJORL-FLECHER (D), « *Heurs et malheurs de l' «uti possidetis, l'intangibilité des frontières africaines* », *RJPIC*, 1981, p. 811.
De VECCHY (H.), « *Les plantes médicinales traditionnelles Un atout économique », HI* n° 3, avril 1981, pp. 17 et s.
DIAKHATE (Lamine), « *Le processus d'acculturation en Afrique noire et ses rapports avec la négritude », Présence africaine,* 4e trimestre 1965.

DIOUF (Abdou), « *Négritude et développement* » *in Colloque sur la Négritude*, Éditions Présence Africaine, Paris, 1972.
ECONOMIDES (Basile), « *Réflexions sur les possibilités du potentiel psychologique de la France à l'égard du Tiers Monde* », *Penant*, n° 793, janvier-avril 1987.
État et société en Afrique noire, *Revue française d'histoire d'outre-mer*, t. LXVII, n° 250-251-253, 1981.
ESSONE NDONG, « *Les équivalences claniques pour une reconstitution identitaire* », *L'Union* (Libreville), n° 11188 du jeudi 21 mars 2013, p. 17.
GUÉDON (Marie-José), « *Régularité interne de l'acte administratif et pouvoir de substitution du juge* », *AJDA*, 1981, p. 446.
HOLAS (B.), « Remarques sur la valeur sociologique du nom dans les sociétés traditionnelles de l'Ouest africain », Journal de la Société des Africanistes, T XXIII (fascicule I et II, pp. 77-86).
KAGAME (A), « Aperception empirique du temps et conception de l'histoire dans la pensée bantou. Les cultures et le temps », Paris, Payot, Unesco, 1975, 276, pp. 103-134.
KOMBILA (Jean-Claude), « *Plaidoyer pour l'instauration d'une langue nationale* », *L'Union* (Libreville), n°9503 du lundi 27 août 2007, p. 7.
I.M'B. « *L'émergence économique, définition et mesure d'un concept galvaudé* », *L'Union* (Libreville), n° 10247 du mardi 9 février 2010, p. 5.
La Table ronde : « L'Afrique se développe-t-elle ? »
Société d'éditions et de publications artistiques et littéraires, n° 231, avril 1967, Paris.
LATOUCHE (Serge), « *L'échec de l'occidentalisation du monde* », *Tiers Monde*, t. XXV n° 100, octobre-décembre 1984.

LEBEUF (Jean-Paul), « *Le nom chez les Fali* », *Journal de la Société des Africanistes*, T IX (fascicule II, 1939, pp. 103-117).

LONG (Frédéric Serge), « *La menace d'extinction toujours aussi persistante* », *L'Union* (Libreville), n° 10862 du mardi 21 février 2012, p. 7.

MEDARD (Jean-François), « *L'État sous-développé au Cameroun* », *Année africaine*, 1977, pp.35 et s.

MICHAÏLOF (Serge*), « Les apprentis sorciers du développement* », *Economica*, 1984.

MOUNGUENGUI (Steeve), « *La recherche au service de la valorisation des sous-produits de la filière bois* », *L'Union* (Libreville), n° 10968 du vendredi 29 juin 2012, p. 5.

NGUIMBI (Rahim Jhan), « *CEMAC, CEEAC et Union africaine, pour quelle intégration régionale ?* » *H.I.* N° 606, 16-30 mars 2013, pp. 25 et s.

NGOUNGOULOU Ferdinand, « *Les langues maternelles à l'école gabonaise : quels enjeux ?* », *L'Union*, (Libreville), n° 10929 des samedi et dimanche 13 mai 2012, p. 7.

NZEGHO DIEKO (Steeve), « *Qu'est-ce qu'un pays émergent ?* », *L'Union*, (Libreville), n°10862 du mardi 21 février 2012, p. 4.

OBIANG-NDONG (Modeste), « *De l'adjonction et du changement de nom* », *HI*, n° 510, 12 novembre 2005, pp. 193-194.

OSSAGOU (Guy Christian), « *Parlement panafricain : quels objectifs ?* », *L'Union* (Libreville), n° 10971 du mardi 3 juillet 2012, p. 3.

ROSENBERG (Nathan) et BIRDZELL Jr. (L.E), « *Le passé: comment l'Occident s'est enrichi ?* », Dialogue n°76.2 /1987.

ROUX (Dominique), « *Les lions africains commencent à rugir* », *L'Union* (Libreville), n° 10753 du jeudi 13 octobre 2011, p. 6.
SENGHOR (Léopold Sédar), « *Problématique de la Négritude* » in *Colloque sur la Négritude*, Éditions Présence Africaine, Paris, 1972.
ZEH ONDOUA (Jean), « *La répartition du contentieux des actes juridiques entre les juges constitutionnel et administratif au Gabon* », *Afrique juridique et politique, La Revue du Centre d'Études et de Recherches en Droit et Institutions Politiques (CERDIP),* Libreville, n° 1 et 2, janvier-décembre 2008, p. 78.

L'Afrique

aux éditions L'Harmattan

Dernières parutions

ARMES LÉGÈRES ET GROUPES ARMÉS EN AFRIQUE SUBSAHARIENNE
Effets pernicieux sur le développement économique et social
Essimbe Victor
La disponibilité et l'utilisation incontrôlée des armes légères et de petit calibre par les groupes armés peuvent avoir des conséquences destructrices sur l'activité économique officielle et informelle. Ce livre fait le tour complet des handicaps à l'essor économique et au bien-être social des sous-régions de la CEDEAO et de la CEEAC, causés par la «synergie» groupes armés-armes légères.
(Coll. Études africaines, 27.50 euros, 268 p.)
ISBN : 978-2-336-29316-5, ISBN EBOOK : 978-2-296-53936-5

ACCORDS (LES) POLITIQUES DANS LA RÉSOLUTION DES CONFLITS ARMÉS INTERNES EN AFRIQUE
Ehueni Manzan Innocent - Préface de Jean du Bois de Gaudusson
La question des conflits armés constitue un véritable «casse-tête africain» aussi bien pour les acteurs locaux qu'internationaux. Comment sortir de cette insécurité chronique et de la guerre civile et parvenir à une stabilité et un développement durables ? Ce livre expose la conclusion des accords politiques en insistant distinctement sur l'environnement politique de leur formation ainsi que sur le cadre juridique qui les caractérise. Il procède aussi à l'examen de l'application de ces accords.
(Coll. Défense, Stratégie et Relations Internationales, 60.00 euros, 772 p.)
ISBN : 978-2-343-00551-5, ISBN EBOOK : 978-2-296-53836-8

AFRIQUE (L') N'A PAS DIT SON DERNIER MOT : L'INCULTURATION
Séménou Romain Mensan
L'Afrique va-t-elle si mal ? Les Africains ont-ils les ressources ontologiques et anthropologiques nécessaires au développement du continent ? La culture et la tradition africaines sont-elles viables et efficientes à ces heures de mondialisation ? Quel est l'impact de la religiosité sur le développement du continent africain ? L'Église est-elle complice du sous-développement africain ? Voilà les questionnements qui constituent la texture de ce livre autour d'un thème théologique : l'inculturation.
(Coll. Points de vue, 14.00 euros, 136 p.)
ISBN : 978-2-336-30159-4, ISBN EBOOK : 978-2-296-53760-6

RUSES (LES) DE LA MONDIALISATION EN AFRIQUE NOIRE
Le rôle des intermédiaires du développement
Louvel Roland
L'intégration de l'Afrique noire dans les réseaux planétaires s'est traduite par un «coût de raccordement» très élevé pour le continent. Elle n'aurait jamais pu s'opérer sans l'entremise d'un certain nombre d'intermédiaires : à la fois passeurs et passages obligés, ils mettent en relation, favorisent les échanges, ouvrent les voies du commerce et de la transmission des savoirs. Ces personnages de l'entre-deux interfèrent tout autant qu'ils s'approprient et transmettent les apports extérieurs, en position d'interface entre deux systèmes.
(26.00 euros, 262 p.)
ISBN : 978-2-336-30095-5, ISBN EBOOK : 978-2-296-53802-3

AFRIQUE SUBSAHARIENNE – Mémoire, histoire et réparation
Dampha Lang Fafa
L'Afrique subsaharienne est la seule partie du monde à avoir subi l'esclavage à échelle massive, ainsi que la colonisation, l'apartheid, le commerce des esclaves et le colonialisme occidental, le tout dans une atmosphère de brutalité sans précédent. Plus de cinquante ans après l'accession à la souveraineté du premier pays de l'Afrique subsaharienne, le Ghana de Kwame Nkrumah (1957), un regard analytique porté sur le continent révèle une situation qui est loin d'inciter à l'optimisme.
(Coll. Racines du Présent, 21.00 euros, 204 p.)
ISBN : 978-2-336-29371-4, ISBN EBOOK : 978-2-296-53724-8

UN BLANC DRAMATIQUEMENT NOIR – 55 années en Afrique noire
Sénégal - Côte d'Ivoire - Cameroun - Gabon - Congo - Togo - Niger - Mali - Guinée - Burkina - Mauritanie
Decupper Joël - Préface de Venance Konan
Voici le récit exceptionnel de 55 années d'existence hors norme en Afrique Noire francophone d'un Français autodidacte devenu patron de presse (Afrique Sport, Afrique Médicale, Africa International, Éditions Chaka…), proche de plusieurs Chefs d'État alors que d'autres l'auraient volontiers pendu. Voici un regard frondeur sur l'Afrique, ses élites, ses mœurs, sans retenues ni déférence, sans préjugés ni parti pris. Le récit fourmille de faits inédits, de péripéties drôles et fâcheuses.
(27.00 euros, 364 p.)
ISBN : 978-2-343-00946-9, ISBN EBOOK : 978-2-296-53781-1

OBTENTION (L') DES BREVETS PHARMACEUTIQUES EN AFRIQUE
Le cas des pays de l'Organisation Africaine de la Propriété Intellectuelle (OAPI)
Juvet Lowé Gnintedem Patrick - Préface de Tshimanga Kongolo
Le législateur OAPI a entendu faire de la propriété intellectuelle un instrument de développement pour les États membres, tout en s'arrimant aux textes internationaux pertinents. Mais le texte adopté lève-t-il pour autant les appréhensions résultant du souci d'assurer l'accès aux médicaments dans un contexte de développement particulier ?
(Coll. Études africaines, 21.50 euros, 216 p.)
ISBN : 978-2-343-00374-0, ISBN EBOOK : 978-2-296-53811-5

LETTRES DE VOYAGE – De la Mer Rouge à l'Atlantique (1901-1903)
Du Bourg de Bozas Robert - Avant-propos et notes de Claude Guillemot
Au tout début du XXe siècle, Robert du Bourg de Bozas, jeune aristocrate fortuné et cultivé, organise à ses frais une mission scientique à travers l'Afrique soutenue par le ministère de l'Instruction publique. Parti de Djibouti le 2 avril 1901, accompagné d'un jeune médecin, de deux autres Européens et d'une imposante caravane, il meurt de paludisme au Congo dans la nuit de Noël 1902. Tout au long de son périple, il entretient une correspondance avec ses proches et particulièrement avec son père.
(Coll. Mémoires du XXe siècle, 13.50 euros, 126 p.)
ISBN : 978-2-343-00244-6, ISBN EBOOK : 978-2-296-53944-0

CHRONIQUES POUR L'ÉMERGENCE D'UNE AFRIQUE RAYONNANTE
Bissog Martial - Avant-propos de Léonard Gofake - Préface de Guy Parfait Songue
L'auteur jette un regard panoramique sur la société africaine actuelle et le rôle des Africains dans le grand jeu politique du monde. Cette compilation de chroniques est un appel à une prise de conscience et de responsabilité de la part de tous les acteurs du continent, pour mettre sur les rails un nouveau modèle de pensée et de développement afin qu'émerge une Afrique rayonnante.
(Coll. Points de vue, 19.00 euros, 196 p.)
ISBN : 978-2-336-29302-8, ISBN EBOOK : 978-2-296-53521-3

ORIENTATION (L') DES JEUNES EN AFRIQUE
Okene Richard - Préface de Raoul Boniface Kassea
Depuis 1995, les instances internationales ne cessent de proposer aux pays africains de mieux préparer les jeunes à faire face aux bouleversements de ces dernières décennies. Avec insistance, elles soulignent la nécessité de mettre en œuvre dans chaque pays un système d'orientation et de conseil rénové, apte à assurer le développement global de leur population, avec un accent particulier sur les filles et les femmes.
(Coll. Enseignement et éducation en Afrique, 22.00 euros, 218 p.)
ISBN : 978-2-336-30088-7, ISBN EBOOK : 978-2-296-53602-9

POLITIQUE ET INDÉPENDANCES AFRICAINES
Coordonné par Eyene Mba Jean-Rodrigue-Elisée
Cet ouvrage entreprend de lire les «indépendances africaines» à travers le prisme de ses propres résultats politique, économique et culturel. Il y parvient en mobilisant la dynamique conceptuelle à l'œuvre dans le discours philosophique. Ce qui est en jeu, c'est la capacité de l'Afrique noire à se refaire, à se recréer, en un mot, à se comporter autrement et différemment.
(Coll. Philosopher en Afrique, 14.00 euros, 130 p.)
ISBN : 978-2-336-30157-0, ISBN EBOOK : 978-2-296-53587-9

HEGEL, MARX, ENGELS ET LES PROBLÈMES DE L'AFRIQUE NOIRE
Dieng Amady Aly
Cet ouvrage cherche à susciter des discussions de fond autour des difficultés de l'application du marxisme dans les pays où le prolétariat industriel n'est pas encore

très développé. Il s'agit de créer les conditions d'une véritable discussion sur le rôle du marxisme dans la solution des grands problèmes du continent africain.
(20.00 euros, 204 p.)
ISBN : 978-2-296-99534-5, ISBN EBOOK : 978-2-296-53702-6

FRANÇAIS DE FAIT ET DE DROIT
Chronique d'une (ré)intégration réussie
Nyamat Will Mael
Malgré le refus du général de Gaulle d'accepter la départementalisation du Gabon, en violation de la Constitution de la Ve République, l'auteur a le sentiment d'être resté «de fait» français, «colonisé» malgré lui jusqu'à la moelle épinière. Une situation d'autant plus injuste que la France conserve sa mainmise sur le Gabon. Nous devions parler le français, manger français, acheter français, mais n'avions pas le droit d'être Français. Nous avions des obligations, mais aucun droit.
(Coll. Racines du Présent, 12.00 euros, 106 p.)
ISBN : 978-2-296-99855-1, ISBN EBOOK : 978-2-296-53671-5

RENAISSANCE (LA) ÉCONOMIQUE DE L'AFRIQUE
Les signes avant-coureurs d'une puissance en gestation
Matamba Tumba Bob - Préface de Lye M. Yoka
La renaissance du continent africain est un fait indéniable, même si une analyse pointue révèle que cette mécanique ascensionnelle est loin d'avoir atteint la vitesse critique qui garantirait le point de non-retour. L'implication de la volonté politique, à l'échelon national autant que continental, reste le seul gage d'un développement durable et irréversible. Dans ce livre, l'auteur décortique les enjeux de ce marathon économique continental.
(Coll. Comptes Rendus, 20.00 euros, 192 p.)
ISBN : 978-2-336-29764-4, ISBN EBOOK : 978-2-296-53642-5

QUÊTE (LA) IDENTITAIRE DU SUJET AFRICAIN MODERNE –
Perspective psychohistorique et comparée
Same Kolle Samuel
En s'opposant à l'oppression occidentale, des Africains ont entrepris, au début du XXe siècle, un travail d'identification de soi. L'auteur tente aujourd'hui de définir les éléments pour une reconstruction plus fondamentale d'un sujet africain qui, puisant ses ressources en soi et en l'autre, s'inscrit résolument dans la modernité. La méthode qui s'initie ici est une psychologie historique et comparée.
(Coll. Pensée Africaine, 18.00 euros, 188 p.)
ISBN : 978-2-336-00882-0, ISBN EBOOK : 978-2-296-53673-9

L'HARMATTAN ITALIA
Via Degli Artisti 15; 10124 Torino

L'HARMATTAN HONGRIE
Könyvesbolt ; Kossuth L. u. 14-16
1053 Budapest

L'HARMATTAN KINSHASA
185, avenue Nyangwe
Commune de Lingwala
Kinshasa, R.D. Congo
(00243) 998697603 ou (00243) 999229662

L'HARMATTAN CONGO
67, av. E. P. Lumumba
Bât. – Congo Pharmacie (Bib. Nat.)
BP2874 Brazzaville
harmattan.congo@yahoo.fr

L'HARMATTAN GUINÉE
Almamya Rue KA 028, en face du restaurant Le Cèdre
OKB agency BP 3470 Conakry
(00224) 60 20 85 08
harmattanguinee@yahoo.fr

L'HARMATTAN CAMEROUN
BP 11486
Face à la SNI, immeuble Don Bosco
Yaoundé
(00237) 99 76 61 66
harmattancam@yahoo.fr

L'HARMATTAN CÔTE D'IVOIRE
Résidence Karl / cité des arts
Abidjan-Cocody 03 BP 1588 Abidjan 03
(00225) 05 77 87 31
etien_nda@yahoo.fr

L'HARMATTAN MAURITANIE
Espace El Kettab du livre francophone
N° 472 avenue du Palais des Congrès
BP 316 Nouakchott
(00222) 63 25 980

L'HARMATTAN SÉNÉGAL
« Villa Rose », rue de Diourbel X G, Point E
BP 45034 Dakar FANN
(00221) 33 825 98 58 / 77 242 25 08
senharmattan@gmail.com

L'HARMATTAN BÉNIN
ISOR-BENIN
01 BP 359 COTONOU-RP
Quartier Gbèdjromèdé,
Rue Agbélenco, Lot 1247 I
Tél : 00 229 21 32 53 79
christian_dablaka123@yahoo.fr

Achevé d'imprimer par Corlet Numérique - 14110 Condé-sur-Noireau
N° d'Imprimeur : 109612 - Dépôt légal : juin 2014 - *Imprimé en France*

www.ingramcontent.com/pod-product-compliance
Lightning Source LLC
LaVergne TN
LVHW011041061026
849535LV00006B/2108